《老子》类疏

分类　译注　浅析

张忠铧　编著

暨南大學出版社
JINAN UNIVERSITY PRESS
中国·广州

图书在版编目（CIP）数据

《老子》类疏：分类　译注　浅析/张忠铧编著．—广州：暨南大学出版社，2015.10

ISBN 978－7－5668－1349－7

Ⅰ．①老…　Ⅱ．①张…　Ⅲ．①道家②《老子》—研究　Ⅳ．①B223.05

中国版本图书馆 CIP 数据核字（2015）第 036381 号

出版发行：暨南大学出版社

编 著 者：张忠铧

策划编辑：冯　琳
责任编辑：冯　琳　张雪彦
责任校对：郭海珊

地　　址：中国广州暨南大学
电　　话：总编室（8620）85221601
　　　　　营销部（8620）85225284　85228291　85228292（邮购）
传　　真：（8620）85221583（办公室）　85223774（营销部）
邮　　编：510630
网　　址：http：//www.jnupress.com　http：//press.jnu.edu.cn

排　　版：广州联图广告有限公司
印　　刷：广东信源彩色印务有限公司

开　　本：880mm×1230mm　1/32
印　　张：5.5
字　　数：150 千
版　　次：2015 年 10 月第 1 版
印　　次：2015 年 10 月第 1 次

定　　价：20.00 元

前 言

一、老子其人

老子，即老聃，姓李，名耳，字伯阳，楚国苦县（今河南鹿邑县）厉乡曲仁里人，曾做过周朝的守藏史（相当于现在的国家图书馆馆长），是我国先秦时期著名的思想家、哲学家，被后世尊为道家学派的创始人。

据《史记·老子韩非列传》记载："老子修道德，其学以自隐无名为务。居周久之，见周之衰，乃遂去。至关，关令尹喜曰：'子将隐矣，强为我著书。'于是老子乃著书上下篇，言道德之意五千余言而去，莫知其所终。"

自古以来，关于老子的生平事迹众说纷纭，莫衷一是，古今学者们为此打了千百年的笔墨官司，且限于篇幅，这并非本书讨论的重点，兹不再赘述。

二、《老子》其书

《老子》，又名《道德经》，分为上下两篇，共八十一章。其中上篇为道经（37章），下篇为德经（44章），相传为老聃（即老子）所撰。

千百年来，人们尊奉老子为道家或道教的创始人，并把《老子》视为道家经典而顶礼膜拜。诚然，当初老子为"关令尹"留下的五千言《道德经》，想必并非专为创立道家或道教，所谓"道家"、"道教"都是后来的事。

在这里，笔者更愿意把《老子》视为一部俯仰天地、尊道贵德、抑扬顿挫的哲理诗集，一部彰显大道智慧、清静纯朴、常读常新的古老诗作，而老子本人就是一位仰观天道、俯察人事、上下求索、追求心灵自由并尝试与大道合二为一的伟大的哲理诗人。正如陈鼓应先生所言："老子五千言，确是一部辞意锤炼的'哲学诗'，其中充满了对人生体验富有启发性的观念。"

这样说来，我们应以平常心来看待老子其人，以清净心来阅读《老子》其书，以感恩之心来开启“大道”这扇“玄之又玄”的“众妙之门”！现在，就让我们追随老子这位神秘的向导一同去见识、去领略、去体悟“大道”的风采和奥妙吧！

三、道之为物

老子应是一位喜欢开门见山、直言不讳的人，一开口就向世人抛出“道可道，非常道；名可名，非常名”（A15/N01）这一看似简单又令人费解，看似费解而又确实可以理解的哲学命题。看来，人们若要进一步认识老子，解读《老子》，必须先知“道”。

“道”究竟为何物？“道”与我们有什么关系？为什么老子要不遗余力地弘扬“大道”，奉劝世人要知“道”、悟“道”、修“道”？学习“大道（之理）”有什么好处？不知“道”、不悟“道”、不修“道”又有什么坏处？应当如何“坐进此道”，修道悟道呢？这些问题都亟待我们去解答。

“道”为何物，我们是难以通过语言文字来解释表达的，但又不得不借助语言文字来表达，这无疑是个“只可意会，难以言传”的话题。当然，解答上述问题的历史使命落在了老子的肩上。

“道”，无形无色，无状无象，无法触摸拿捏。“道”，寂寥独立，浑然一体，无法解剖，难辨雌雄。人之于道，感性之人感觉它，理性之人分析它。然而，道既非人的感性所能触碰，也非人的理性所能解析，它只能通过人的“悟性”来体会。

据说，曾有一位著名的西方学者将“道”翻译为“The way”，即“那条大道”。笔者以为，这确实是种很有代表性的译法，这样的翻译更适合习惯了线性思维的西方人来理解老子所说的“大道”。然而，这样的译法似乎也只是揭示了“大道”的部分表象。因为，“那条大道”就如同一条直线，可以确定两个端点，由此端到彼端，由起点到终点。可惜的是，这条笔直的“大道”并不受人主观意识的支配，无限延伸，无边无际，绵绵无绝期，就好比一趟列车，没有“始发站”，也没有“终点站”，注定是一次十分漫长且不知何处是归宿的旅途！因此，这样的认识和“旅途”，必然令人感到身心疲惫，无休无止，没完没了。然而，东西方思维的差异也恰恰就表现于此。

对于东西方思维的分袂，或者说东西方文明的差异，笔者有个较为粗浅且较为直观的比喻：西方文明体现和追求的好比是一条直“线”，一个必须有“前因后果”，看得见、摸得着、写得出的逻辑链条。一般而言，西方思维或者是向前、向上追溯起点、原点，或者是向后、向下寻求止点、终点。因此，西方人比东方人更注重线性分析与逻辑推理，这是西方文明的可贵之处，堪称西方文明的“道统”。

然而，东方文明体现和追求的是一个圆满的“圆”，而不是一条笔直的“线”。在东方人（此处主要指中国人，下同）看来，线性思维虽然逻辑严谨，层层推进，步步为营，但是始终让人感觉不够踏实，不够中和，不够圆满，所以还需“另辟蹊径”探索宇宙乃至人生的终极“真理”。

于是，在东方人的思维脑图里，就产生了浑然一体、循环往复的“道”，阴阳互动、有无相生的“太极图”，以及众多能够体现“圆满”的名相和事物。这样一来，东方人的心里才会感觉踏实、中和以及圆满。

无论如何，“道”可以被描述或理解为“那条大道”，但那不过是道的一个“点”，一条“线”，而非道的全“面”，更不是道的整“体”。如果仅以“线性思维”来“悟道”，就难以理解“曲则直”、“大成若缺”、“大直若屈”这些“微妙玄通”、“正言若反”的“大道理”。

正所谓：“天之道也，如迎浮云，若视深渊，视深渊尚可测，迎浮云莫知其极。”（《黄帝内经·素问》）

这里，还是请老子来说明“大道”名字的由来以及大道为何物吧！老子说：

“有物混成，先天地生。寂兮寥兮，独立而不改，周行而不殆，可以为天地母。吾不知其名，强字之曰道，强为之名曰大。大曰逝，逝曰远，远曰反。故道大，天大，地大，人亦大。域中有四大，而人居其一焉。人法地，地法天，天法道，道法自然。”（A01/N25）

“道之为物，惟恍惟惚。惚兮恍兮，其中有象；恍兮惚兮，其中有物。窈兮冥兮，其中有精；其精甚真，其中有信。自今及古，其名不去，以阅众甫。”（A06/N21）

四、道与儒释

据《史记·老子韩非列传》记载：“世之学老子者则绌儒学，儒学亦绌老子。‘道不同不相为谋’，岂谓是邪？李耳无为自化，清静自正。”按太史公（司马迁）的这项记载，可以想见当时道家与儒家格格不入、水火不容的“对立”情形。

这里，笔者既不是国学家，也不是历史学家，无法评判儒道两家孰高孰低、孰优孰劣。尽管如此，笔者倒是觉得有必要从求同存异、和衷共济的立场来谈谈对于儒释道三教的拙见，以期达到抛砖引玉的效果。

众所周知，道教、儒教、佛教被视为中国文化的三大主体，常言说“三教九流”中的三教，就是指这三者。这就涉及三位“教主”——三位老先生：两位中国人和一位外国人，即老子、孔子和释迦尊（即释迦牟尼佛，下同）。

中国人有这样三位心灵导师，真是莫大的福分。笔者曾经设想这种场景：笔者作为记者，让三位老师坐在一起共同接受记者关于“三教”的提问。经过再三请求，三位老师同意并接受了笔者的“采访”。为了节省时间，笔者只提出以下三个问题：

如何评价自身以外的其他两种学说或理论？

如何评价宇宙及人生的起源或来龙去脉？

现在流行创新，三位老师的理论是否还有创新的余地？

听了笔者的提问，三位老先生目光温煦地相互一视，并不言语。笔者性子急，有些按捺不住了，便说：“既然三位老师都这

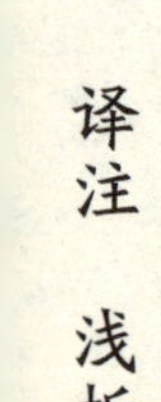

么谦虚，那就按新闻发布会的规矩点名了，先有请孔老师回答。”

还是孔老师给面子，只见他老人家慢条斯理、温文尔雅地开口说道：“后生可畏啊！你所提的问题还真有趣，我跟老子、释迦尊商量过了，他们让我作为代表来给你作答。当然，我们的意见仅供参考。”

孔子说，在正式回答你所提的问题之前，有必要先介绍一下我们三位各自的“工作分工”，即我们的使命。我记得，我的学生子贡曾经说过：“夫子之文章，可得而闻也；夫子之言性与天道，不可得而闻也。”（《论语·公冶长》）在我看来，子贡的观察是敏锐而且很有远见的。说到底，我主要负责从人性的角度来阐述仁性（即明仁），那么揭示天道（即明道）的任务就由老子来完成，还有一个心性的问题（即明心），这个任务就由释迦尊来完成。

简而言之，儒家负责教导人们“正心修身，克己复礼”之行；道家负责教导人们“清心寡欲，返璞归真”之道；佛家负责教导人们“明心见性，缘起性空”之理。因此，《论语》主要是关于人性；《老子》主要是关于天性；《金刚经》、《心经》、《坛经》等佛家经典主要是关于心性。

孔子话锋一转，回归正题，若有所思地说：“我们三位从来不会对自身以外的其他两家教派说三道四，或是硬要分出个高低上下、是非对错。因为我们都明白，无论三教的理论看起来如何千差万别，无论‘后生小子’们持何种‘门派之见’，做何种‘门派之争’，都无法掩盖儒释道三教在本质上相互融通的事实。这就好比长江、黄河，虽然有其各自的支流，但有一个共同的源头，并且又都汇入大海（即有一个共同的归宿）。”

孔子接着说：“三教的源头（或归宿）就是‘人’或‘人心’。其实，这个道理也不难理解，试想‘人’能够成为儒家的‘儒者’，能够成为道家的‘道士’，能够成为佛家的‘僧人’。虽然他们的名分不同，修行的方式方法不同，但不都是基于‘人’这一主体（或载体）的吗？”

作为一个人，你可以选择信奉古今中外任何一种教派或理论，甚至可以选择除了自己、除了生活什么都不相信。可见，无论是儒释道三教，抑或是世界上任何其他宗教（如基督教、伊斯兰教等），都是基于人身、人心以及人性来创建和发展各自的学说理论的，即所有理论学说都是围绕“人”或“人心”来展开，都是因人设教、因人施教、因人而异的，这就是三教共通共融之处。

孔子认为，“三教”的不同之处在于各自施教的“侧重点”有所不同。

儒家，侧重教导人们“居仁由义”，体悟中庸之道。对治的是人性中“恶”的一面。儒家认为，人们“性相近，习相远”，为人处世应当向善向学，尽最大可能正心修身，以至齐家治国平天下，成为社会的栋梁之材。简言之，儒家的使命在于“明仁”。

道家，侧重教导人们“尊道贵德”，效法天道、圣人之道，以至能够行于“大道”。希望人们把“大道”当作一面镜子，反思人类自身乃至天下万物的生存发展之道。通过对“大道”的领悟，顺应自然规律，避免因舍本逐末、贪婪放纵而导致物极必反、天怒人怨等背道而驰的行为。简言之，道家的使命在于“明道”。

佛家，侧重教导人们“缘起性空”、“明心见性”之理，对治的是人们“贪嗔痴慢疑”的缺点。佛家认为，“佛法在世间，不离世间觉”，主张“众生平等”，人人皆有如来种性，希望人们通过“戒定慧”的修行早日消除人性中的顽劣根性，“见性”（即发现自己的“佛性”）成佛。简言之，佛家的使命在于“明心”。

孔子以为，从本质上讲，三教圆通，“三位一体”，它们异曲而同工，殊途而同归。道家希望人们（好比游子）最终回归“大道”母亲的怀抱，儒家和佛家希望人们回归“仁性”、“自性”的（精神）家园。通过修行历练，人们终有一天会醒悟宇

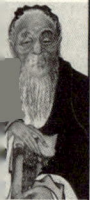

宙和人生的“来龙去脉”。至于理论创新的任务就交给“后生小子”了。

最后，孔子无限感慨地说：“古往今来，倘若世人都能以仁爱之心、清净之心、平等之心、感恩之心来看待并践行三教乃至世间各种弘扬正道的理论学说，世界必定会少一些浮躁、怨恨和战争，而多一份清静、喜乐与和平！”

五、感悟老子

老子说：“吾言甚易知，甚易行。天下莫能知，莫能行。”(F12/N70) 读过《老子》，我们会发现“大道”之理尽管有些玄妙，但也远非传说中的那样神秘莫测，它就隐藏在人们日常工作、学习和生活中，只是“百姓日用而不知”，正所谓：“人在道中，道不远人。”

“大道”就像一棵根深蒂固、永不枯萎的参天大树，天地万物都是它的枝叶，枝叶通过根部输送的养料得以生发成长，枝繁叶茂。大树也通过生机勃勃的万千枝叶体现着“大道”周行不殆、生生不息的永恒生命力。

在老子看来，人类和天地万物一样，都是“大道”母亲的子女，子女们的生老病死、喜怒哀乐、得失成败，无不在“大道”母亲慈悲的目光里、温柔的怀抱中得到呵护。

学习《老子》，我们未必能立刻彻悟“大道”，但我们一定要学会“反思”。正如老子所言，“反者，道之动；弱者，道之用”。(A07/N40) 只要懂得反思，人类就与“大道”一步一步接近了；否则，人类就与“大道”一步一步疏远了，就可能背“道”而驰，积重难返，甚至步入死地。

曾几何时，人们或心甘情愿，或迫不得已，或不知不觉肩负起积极“入世”的重任，在“物竞天择，适者生存”这一竞争法则的牵引下，在熙熙攘攘、载沉载浮的滚滚红尘中争先恐后、追名逐利，而总是要到了“物壮则老”、“物极必反”的时候才被迫反思曾经的所作所为，却悔之晚矣！

学习《老子》，学会反思，从“无为”的角度反思“有为”

（的意义何在），从“柔弱”的角度反思（什么是真正的）“刚强”，从“清静”的角度反思“躁动”（潜在的危害），如此等等。

因此，只有通过反思，我们才可以开启大道这扇众妙之门；只有通过反思，我们才有可能做到“深根固柢，长生久视”（B17/N59）；只有通过反思，我们才能做到“致虚守静”、“燕处超然”。

当然，学习《老子》绝不是要人们无所事事，无所作为，乃至一事无成（如“行尸走肉”般）地度过短暂而多苦多难的人生历程；也绝不是要人们不食人间烟火，退隐山林，与鸟兽为伴，重回结绳记事、钻木取火的原始社会。

纵观《老子》五千言，无非是要教导人们懂得：如何从功成弗居、功遂身退的角度，处理好有为与无为的关系；如何从上善若水、善下不争的角度，处理好柔弱与刚强的关系；如何从致虚守静、知雄守雌的角度，处理好清静与躁动的关系，从而遵道行事，逐步消除人性中固有的劣根性。

无论如何，只要人们秉持“为学日益，为道日损”（D10/N48）的学习态度，践行“利而不害，为而不争”（B20/N81）的生存发展理念，终有一天，人们会领悟“大道”之理，饱览“大道”伟岸的风采，并由衷地感谢老子这位引领我们进入“众妙之门”的神秘向导——这位被褐怀玉、正言若反、善于救人救物的领路人！

六、关于《老子》各章标题及分类

长久以来，《老子》（共八十一章）各章并无标题，而是以数字顺序来区分。鉴于《老子》一书言简义丰，行文流畅，而且有一定的对仗性，因此，有无标题并非一个重要问题。

不过，为了能够更好地突出本书的特点，也为了方便读者提纲挈领地阅读，笔者为《老子》原文每一章确立了四言小标题。当然，几乎所有的小标题都取自原文。

在《老子》分类方面，主要受到饶尚宽先生的启发，但由于“见仁见智”的缘故，本书并未完全采用饶尚宽先生的分类方式，笔者最终确定的分类方式为：

全书分为上、下两编，六个类别。上编共45章，包括明道（15章）、修身（20章）、处世（10章）；下编共36章，包括治国（20章）、议兵（4章）、砭时（12章）。同时，以英文大写字母（由A至F）对各章进行编码，正文（即原文）的编码为N，以便读者相互索引。按照上述分类方式，原文各章的分布情况如下：

明道（A）：N01，N04，N06，N11，N14，N21，N25，N32，N34，N35，N37，N40，N42，N51，N62，计15章。

修身（B）：N07，N10，N15，N16，N20，N22，N24，N26，N28，N41，N45，N47，N52，N54，N55，N59，N67，N71，N76，N81，计20章。

处世（C）：N02，N08，N13，N27，N33，N43，N50，N56，N63，N78，计10章。

治国（D）：N03，N05，N17，N19，N23，N29，N36，N39，N48，N49，N57，N58，N60，N61，N64，N65，N66，N73，N79，N80，计20章。

议兵（E）：N30，N31，N68，N69，计4章。

砭时（F）：N09，N12，N18，N38，N44，N46，N53，N70，N72，N74，N75，N77，计12章。

本书包括正文和注解两大部分，适合具有中等文化水平的读者阅读。正文依据陈鼓应先生《老子注译及评介》，并参考其他版本校勘。正文前端以英文大写字母编码，正文后端以方括号缀以英文字母N及阿拉伯数字的组合标示原文序号，以便读者对照索引。例如，A01代表本书上编第一章“道法自然”，“N25”代表这一章是《老子》原文的第二十五章，以此类推，反之亦然。注解方面主要由“注释”、“译文”、“浅析”三个部分组成。“注释”部分，以解释名词术语为主，对于历来有歧义或多种解释并存并通的章句，酌情列出有代表性的解释。“译文”部分，

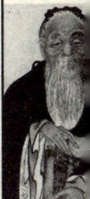

以直译为主，兼用意译，为便行文工整、顺畅和读者理解，个别章句翻译时直接补入一些内容，并适当采用小括号“( )”加以区分。“浅析”部分，主要依照正文含义，参考古今有道之士的疏解、评判，并结合笔者心得，对每章作出简要的重点提示、义理概括和类别归属。对于同一章句包含多个主题思想的情况，只取一种义项。

由于笔者的水平有限，书中难免仍会存在错误、疏漏之处，敬请读者朋友不吝批评指正。

张忠铧

2009 年 9 月初稿

2015 年 3 月定稿

目　录

上编

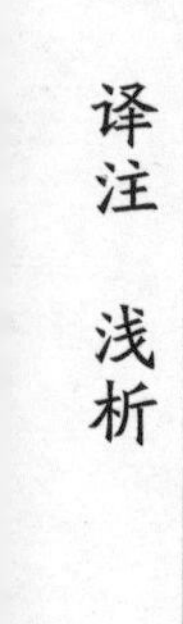

明 道

【题解】

本篇共辑录《老子》原文十五章（编码为A，由A01至A15），包括“道法自然”、“道生万物”、“道尊德贵”、“道常无名”、“道常无为”、“道之为物”、“道之动用”、“道之出口”、“无状无象”、“无以为用”、“大道之大”、“天地之根”、“万物之宗”、“善人之宝”以及“众妙之门”。

主要内容涉及：大道名字的由来（如“有物混成，先天地生。寂兮寥兮，独立而不改，周行而不殆，可以为天地母。吾不知其名，强字之曰道，强为之名曰大”）、大道化生万物的作用（如“道生一，一生二，二生三，三生万物”）、大道“为物”的特点（“大道氾兮，其可左右”、“道之为物，惟恍惟惚”、“绵绵若存，用之不勤”、“道常无名，朴”、“道常无为”）、有与无的关系（“天下万物生于有，有生于无”、“有之以为利，无之以为用”）、大道的尊贵（“众妙之门”、“天地之根”、“万物之宗”、“善人之宝”）等，详见下文。

A01　道法自然

【原文】

有物混成[1]，先天地生。寂兮寥兮[2]，独立而不改[3]，周行而不殆[4]，可以为天地母[5]。吾不知其名，强字之曰道，强为之名曰大[6]。大曰逝[7]，逝曰远，远曰反[8]。故道大，天大，地大，人亦大[9]。域中有四大[10]，而人居其一焉。人法地，地法天，天法道，道法自然[11]。［N25］

【注释】

①物：即“道”。混成：浑然一体，不为而自成。

②寂兮寥兮：寂静空旷，没有声音可听，没有形状可见。即大象无形、大音希声的状态。

③独立而不改：指“道”超然独立，永恒存在。

④周行：指大道如圆周一样周而复始，循环运行，永无止境。不殆：生生不息之意。

⑤天地母：一本（指其他《老子》版本，下同）作“天下母”。母，母体，这里指“道”，意思是天地万物皆由“道”这个母体产生，故称道为“母”。

⑥强字之曰道，强为之名曰大：勉强给它取字为“道”。大，形容“道”广大无边，无穷无尽。

⑦逝：指“道”的运行生生不息，永无停歇之日。

⑧反：一本作“返”。意为返回到原点或事物初始的状态。

⑨人亦大：一本作“王亦大”，意为“人”是万物之灵，与天、地并立而为“三才”。

⑩域中：狭义指疆域之中，广义指茫茫宇宙之间。

⑪道法自然：指“道”任运自然，自然而然之意。

【译文】

（很久很久以前——）有着这样一个庞然大物：
它浑然一体，自我生成；它先于天地，早已存在。

它如此寂静，如此空旷；它独立超然，永葆常态，
它周转运行，永不懈怠；它称得上是天地的生母。

我不知道它叫什么名字，（为了便于称呼与论说）
勉强为它命个名——“大”；勉强为它取个字——“道”；
大道飞逝，（无所不至，）故称“大”为“逝”；
逝而致远，（无边无际，）故称“逝”为“远”；

致远至极，（物极必反，）故称“远”为“反”。

所以说，道为大，天为大，地为大，人也为大。
茫茫宇宙中，有四位大者，人类是其中之一呀！

人类应当以“地”为法度，地以“天”为法度，
天以“道”为法度，道以“顺其自然”为法度。

【浅析】

本章老子论大道之“名”和“字”的由来，以及大道具有寂寥独立、周行不殆的特点，重在人法天地，道法自然，取“明道”义。老子认为，大道“能逝”、“能远”、“能反”，可以作为天地之母。同时，老子强调“域中有四大，而人居其一”，从而彰显出人（类）作为“三才”（天地人）、“四大”之一，在茫茫宇宙中的重要地位。有学者认为，老子把人与道、天、地并提，列为“四大”之一，而没有提到神，这是老子对神本主义的否定，反之，这是老子对人本主义的肯定。纵观《老子》全书，我们几乎随处可见老子对于人格尊严的赞扬和推崇，哪怕是对人性丑陋面的抨击，也无不寄托着老子对人类由衷的热爱和殷切的期望。

A02　道生万物

【原文】

道生一①，一生二②，二生三③，三生万物。万物负阴而抱阳④，冲气以为和⑤。人之所恶，唯孤、寡、不谷⑥，而王公以为称。故物或损之而益，或益之而损。人之所教，我亦教之：“强梁者不得其死。”吾将以为教父⑦。［N42］

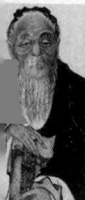

【注释】

①一：指“道”，道即是一，一即是道。

②二：指阴气、阳气。“道”本身蕴含着相互对立、相互作用的两个方面。阴阳二气所共处的统一体即是“道”。因此，对立着的双方，即“二”都包含在“一”中。

③三：指由两个对立的方面相互矛盾冲突所产生的第三者，进而生发出天下万物。

④负阴而抱阳：背阴而向阳。

⑤冲气以为和：此句意为阴阳二气互相冲突、交融、转化，达到新的均衡、和谐状态，并形成新的统一体，但是所有的均衡都是短暂的，不是永恒的。冲，冲突、交融。

⑥孤、寡、不谷：古时候君主用以自我称呼的谦虚之词。例如，君王常自称孤家、寡人。

⑦教父：父，一说为“始”、“开端”，一说为“本”、“规矩”。这里取前者。

【译文】

道生而为“一”，“一”即是道，这是“一”；
由“一”生化出阴、阳两种对立，这是“二”；
由两种对立而生发出第三种事物，这是“三”；
由三种事物衍生出天下万物，这是“三生万物”。

天下万物体内都同时背负阴（气）而怀抱阳（气）
（——即天下万物均为阴阳和合之物），
阴阳二者相互冲击、涌荡，以求达到平衡和谐
（——即天下万物才得以成其为万物）。

人们所厌恶的，不就是孤、寡、不谷吗？
然而王公却用这些字眼作为自己的称谓。

所以，对待客观事物——
有时人为使之减损（结果）反而使之增益，
有时人为使之增益（结果）反而使之减损。

先人所教的东西，我今天也拿来教导你们：
“违背天理，恃强凌弱的人绝没有好下场！”
还是用这句老话作开端来学习大道之理吧！

【浅析】

本章老子论“道生万物”之理，重在生而不有，长而不宰，取“明道”义。老子认为，天下万物皆因道而得生，“负阴而抱阳，冲气以为和”，隐含着“损之而益，益之而损”的辩证关系，并对世人提出“强梁不得其死”的警告。同时，本章也体现了老子对“宇宙生成”的看法，可以视为老子版的“宇宙生成论”。无论此论点是否成立，对于身处科技尚不发达时代的老子而言，能够提出这样的观点都是难能可贵的。

A03　道尊德贵

【原文】

道生之，德畜之，物形之，势成之①。是以万物莫不尊道而贵德。道之尊，德之贵，夫莫之命而常自然②。故道生之，德畜之，长之育之，亭之毒之③，养之覆之④。生而不有，为而不恃，长而不宰，是谓玄德⑤。［N51］

【注释】

①势：万物得以生长的自然环境。
②莫之命而常自然：指不干涉或不主宰万物，而任运万物自化自成。

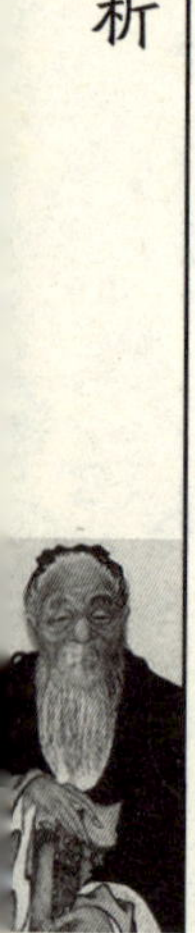

③亭之毒之：一本作“成之熟之”。亭、毒，均有养护的意思，引申为养育、化育。
④养：爱护、保养。覆：维护、保护。
⑤玄德：即上德。指大道化生万物而不据为己有，养育万物而不自恃有功。

【译文】

道化生万物，德畜养万物，
然后用不同形态区别万物，
并在各种环境中成就万物。
所以，万物无不尊道贵德。

道受到尊崇，德受到重视，
这虽然没有谁来册封授命，
而道却任运无为顺其自然。

所以，
道化生万物，德畜养万物，
它促使万物自然成长发育，
它促使万物自然结果成熟，
它给予万物无私抚育保护。

大道化生了万物而不占有，
大道抚育了万物而不自恃，
大道长养了万物而不主宰，
这可谓是深不可测的玄德！

【浅析】

本章老子论“道之尊，德之贵”，重在尊道贵德，功成弗居，取“明道”义。老子认为，天下万物的生存与发展都有赖

于“道生德畜”之功。然而大道却从不居功自傲，而是生而不有，为而不恃，长而不宰。可见，道德的尊贵，在于它从不干涉万物的生发成长，而是顺其自然，不施加任何外力的限制和干扰。

A04 道常无名

【原文】

道常无名，朴[1]。虽小[2]，天下莫能臣[3]。侯王若能守之，万物将自宾[4]。天地相合，以降甘露，民莫之令而自均[5]。始制有名[6]，名亦既有，夫亦将知止，知止可以不殆[7]。譬道之在天下，犹川谷之于江海[8]。[N32]

【注释】

①道常无名，朴：指“道”的特征。
②小：形容“道”是隐而不可看见的，所以说很渺小。
③臣：使……臣服。指没有人能使它（即大道）臣服。
④万物将自宾：万物将自我宾服于“大道”。宾，服从。
⑤自均：自然均匀。指均匀分配的意思。
⑥始制有名：万物生发兴作，于是产生了各种各样的名称。名，名分，即官职的等级名称。
⑦不殆：没有危险。
⑧之于：流入、注入。

【译文】

道常无名，质朴无华。
虽然看起来精微渺小，
天下却没人能支配它。

侯王如果能够持守它，
万物都会自动来归顺。

天地相合，降下甘露，
无人分配，自然均匀。
开始建制，当有名分；
名分已分，就知界限；
知道界限，便无危险。
好比大道，孕育天下；
犹如江海，容纳百川！

【浅析】

本章老子论“道常无名”之理，重在始制有名，知止不殆，取“明道”义。

老子认为，大道如同江海汇聚川流一样，令“万物自宾”于道；又如同天降甘露一样，莫令自均，一视同仁。这里，老子着重说明了道无名（可名）却质朴无华的特征，可见，道不重功名，亦不重私利。相反，人类社会却十分看重“名”（和私利），人们为了得到名和利，不仅可以不择手段，唯利是图，甚至可以丢弃人格尊严。过分重名重利的后果是引发人类社会无穷无尽的纠纷和争端。

A05　道常无为

【原文】

道常无为而无不为[①]。侯王若能守之[②]，万物将自化[③]。化而欲作[④]，吾将镇之以无名之朴[⑤]。镇之以无名之朴，夫将不欲[⑥]。不欲以静，天下将自正[⑦]。［N37］

【注释】

①无为：指顺其自然，不妄为。无不为：没有一件事是大道所不能为的。

②守之：即守道。之，指“道”。

③自化：自我化育、自生自长。

④欲：指贪欲。

⑤无名：指“道”。朴：形容“道”的质朴。

⑥不欲：一本作“无欲”。

⑦自正：一本作“自定”。

【译文】

大道似乎无所作为，
但大道又无所不为。
人心如果能信守大道，
身体都将会自我升华。

生长之中产生的贪念，
我将用质朴震慑它。

用质朴来震慑它，
便将令人不再有贪欲。

人们因无欲而得清静，
天下将因此而自我安定。

【浅析】

本章老子论无名之“朴”，重在不欲以静，天下自正，取“明道”义。

老子认为，道常无为而无不为，侯王若能守之，万物将自我化育生长。这里，老子希望侯王（统治者）能够充分认识“无

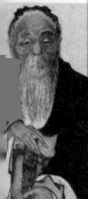

为而无不为”的大道，顺应自然而不肆意妄为，这样万物就可以自由自在地生长，最终达到无为而治的境界。同时，老子也指出，当人们出现私心、私欲膨胀的时候，可以用“无名之朴”（质朴淳厚之风气）来加以镇定引导，从而使人们得以返璞归真，使天下得以清静自正。

A06　道之为物

【原文】

孔德之容①，惟道是从。道之为物，惟恍惟惚②。惚兮恍兮，其中有象③；恍兮惚兮，其中有物。窈兮冥兮④，其中有精⑤；其精甚真⑥，其中有信⑦。自今及古⑧，其名不去，以阅众甫⑨。吾何以知众甫之状哉？以此⑩。［N21］

【注释】

①孔：甚，大。德：“道”的显现和作用为德。容：运作、形态。

②恍、惚：仿佛、不清晰。

③象：形象、具象。

④窈：深远，细微而不可见。冥：幽暗昏昧，深不可测。

⑤精：最微小的原质，极细微的物质实体。

⑥甚真：很真实。

⑦信：信实、信验，真实且可信。

⑧自今及古：一本作“自古及今”。

⑨众甫：甫与“父”通，引申为“始”。

⑩此：这里指“道”。

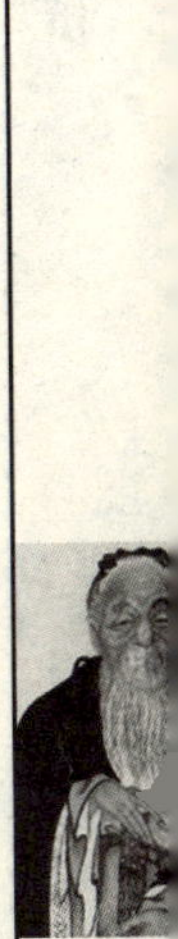

【译文】

最高的道德形态，就是彻底顺从道。

道作为一种事物，感觉上并不清晰。
恍惚中若有形象，恍惚中若有实物。
道的境界深远幽冥，其中包含极细微的物质；
这些细微的物质，真实且可信。
自古及今，大道之名从未消失离去，
它就是万物之父啊！

我怎样知晓大道就是万物之父呢？
就是凭它精质、真实、信验的特性！

【浅析】

本章老子论大道“恍兮惚兮”的特性，重在孔德之容，惟道是从，取“明道”义。

老子认为，道之为物，惟恍惟惚，惚恍之中，有象有物；窈冥之中，有精有信。这里，老子进一步阐释了道和德之间的关系。老子认为，虽然道无形无象，无法触摸，但是人们仍然可以透过天下万物来认识大道以及大道的德行。因为，道有形的显现就是天下万物，就是芸芸众生，就是世间万有，而这一切的显现就是道之“德”。

A07 道之动用

【原文】

反者①，道之动；弱者②，道之用。天下万物生于有③，有生于无④。［N40］

【注释】

①反：循环往复。一说为相反，对立面。
②弱：微妙的、柔弱的。

③有：一般而言，指现实世界中具有物质形态的事物，引申为世间万有。
④无：指超越现实世界的形上之道。

【译文】
循环往返——
体现了道内在的运动规律；
虚静柔弱——
体现了道外在的作用形式。

天下万物都产生于“有”，
天下万有都产生于“无”。

【浅析】

本章老子论“无中生有”的道理，重在有无相生，正反相依，取“明道”义。

老子认为，天下万物生于“有”，而天下万有产生于“无”。老子在《道德经》（即《老子》，下同）一书里，通过对自然界和人类社会现象的观察与思考，多次阐述了“事物的矛盾和对立转化是永恒不变的规律”这一富有深刻洞察力的见解。这里，老子强调的不是“正者”、“强者”，而是“反者”、“弱者”。这并非老子要刻意否定前两者的存在和作用，而是要人们能够更全面地认识“道之动”（有赖于反者）和“道之用”（有赖于弱者）。现实生活中，这种正反循环往复、柔弱胜坚强的例子不胜枚举。例如，很多时候人们选择谦卑忍让并不是懦弱的表现。正方与反方，柔弱与刚强，哪一个更接近于大道，如何才能做出正确的抉择，值得人们深入思考。

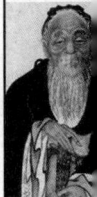

A08　道之出口

【原文】

执大象[①]，天下往。往而不害，安平太[②]。乐与饵[③]，过客止。道之出口，淡乎其无味，视之不足见，听之不足闻，用之不足既[④]。［N35］

【注释】

①大象：大道之象。
②安：乃，则，于是。太：同“泰”，平和、安宁。
③乐与饵：音乐和美食。
④既：尽、耗尽。

【译文】

执守无形的大道，天下万物都向往。
向往大道不妨害，天下太平且安泰。

世间音乐和美食，能让过客止脚步。
跟他讲讲大道理，似乎平淡而无味，
让他看也看不见，让他听也听不到，
（让他摸也摸不着，）却妙用无穷不可尽！

【浅析】

本章老子论大道“平淡无奇”的特性，重在为而不争，往而不害，取“明道”义。

老子认为，道之出口，淡然无味，视之不见其形状，听之不闻其声响，不像音乐和美食那样能够直接诱发人们的听觉和味觉，令人停住脚步，流连忘返。然而，就是这平淡无奇的大道，却能够孕育万物，妙用无穷。

A09　无状无象

【原文】

视之不见，名曰夷①；听之不闻，名曰希②；搏之不得，名曰微③。此三者不可致诘④，故混而为一⑤。其上不皦⑥，其下不昧⑦，绳绳兮不可名⑧，复归于无物⑨。是谓无状之状，无物之象，是谓惚恍⑩。迎之不见其首，随之不见其后。执古之道，以御今之有⑪。能知古始⑫，是谓道纪⑬。［N14］

【注释】

①夷：无色。
②希：无声。
③微：无形。以上夷、希、微三个名词都是隐而不显的意思，用来说明人的感官是无法把握住“道”的。
④致诘：意为思议。诘（jié 洁），追问，究问，反问。
⑤一：指“道”。
⑥皦（jiǎo 角）：清白、清晰、光明。
⑦昧：阴暗，隐晦。
⑧绳绳：不清楚、纷纭而不绝。
⑨无物：无形状的物，即“道”。
⑩惚恍：若有若无，闪烁不定。
⑪有：指具体事物。
⑫古始：宇宙的原始，或“道”的初始。
⑬道纪：“道”的纲纪，即“道”的规律。

【译文】

张眼去看，却看不见它的（形象），这叫做“夷”；
侧耳去听，却听不到它的（声音），这叫做“希”；

伸手去摸，却摸不到它的（实体），这叫做“微”。
夷、希、微，这三种状态，不可穷究底细，浑然一体。

在它之上，不会再有光明了（光明也到了尽头）；
在它之下，不会再有黑暗了（黑暗也到了尽头）。

它无边无际不可以用明言表达，
一切都复归于空无一物的状态。

这是没有具体状态的一种“状态”（超越了具体状态），
这是没有具体形象的一种“形象”（超越了具体形象）。
——这应该就是被称为恍惚的境界吧！

迎向它，（却如迎浮云），看不见哪里才是它的前头；
追随它，（却如追迷雾），看不见哪里才是它的后背。

秉持这自古以来的大道之理，
用来驾驭解析当今具体事物。
据此能够知晓宇宙来龙去脉，
可谓是能掌握大道的规律了！

【浅析】

本章老子论大道“无状无象”的特性，重在执古之道，御今之有，取“明道”义。

老子认为，道无形无象，无声无息，混而为一，难以用感官触摸把握，给人一种恍惚不实的感觉，迎之不见其首，随之不见其后。此外，老子所强调的“道纪”是自古就有的道，人们可以通过它来理解宇宙及万物的初始。如果能够以古知今，便是透彻道纪了。

A10 无以为用

【原文】

三十幅共一毂①，当其无，有车之用②。埏埴以为器③，当其无，有器之用。凿户牖以为室④，当其无，有室之用。故有之以为利⑤，无之以为用⑤。［N11］

【注释】

①辐：车轮中连接轴心和轮圈的木条，古代车轮由三十根辐条构成。此数取法于每月三十日的历法。毂（gǔ 古）：是车轮中心的木制圆圈，中有圆孔，即插轴的地方。
②有车之用：是指有了车毂中空的地方，才有车的作用。“无”指毂中间空的地方。
③埏埴以为器：即和陶土做成供人饮食使用的器皿。埏（shān 杉），和。埴（zhí 直），土。
④户牖（yǒu 有）：门窗。
⑤有之以为利，无之以为用：（表面上）“有”在给人便利，（实际上）“无”在（暗中）发挥作用。

【译文】

三十根辐条共用一毂，
正是由于车毂的中空，
才使车具有行进用途。

揉和陶土烧制成器皿，
正是由于器皿是中空，
才使器皿有盛装用途。

凿开门窗来建造房屋，
正是由于门窗的中空，
才使房屋有居住用途。

可见，
实有之物能产生利益，
全赖空无所起的作用。

【浅析】

本章老子论“有（利）”与“无（用）”的辩证关系，重在有无相生，相辅相成，取“明道”义。

老子认为，“有”之所以能够产生利益、好处，那是因为“无”在背后所起的作用，并以车辆、容器、门窗等日常生活实例来说明。一般情况下，实物或实体带给人们的感受和作用比较直接、具体、直观，容易让人们产生“感同身受”的体验。日常生活中，由于人们习惯了“眼见为实”的体验和认知，从而容易忽略（或不容易意识到）那些不直接、不直观甚至无法感受的“空虚”或“虚无”（在背后，在暗中）所起的作用。

A11　大道之大

【原文】

大道氾兮①，其可左右。万物恃之以生而不辞②，功成而不有③。衣养万物而不为主④，可名于小⑤；万物归焉而不为主，可名为大⑥。以其终不自为大，故能成其大。［N34］

【注释】

①氾（fàn 犯）：同“泛”，广泛或泛滥。这里指“道”周流遍布大千世界的意思。

②不辞：不说三道四，引申为不推辞、不辞让。辞，言词，

称说。
③不有：不占有，不自以为有功之意。
④衣养：一本作“衣被”，意为覆盖。不为主：不做主人，不自以为主宰之意。
⑤小：微小，渺小。
⑥大：广大，伟大。

【译文】

大道像泛滥的河水啊，
周流左右，遍布四野。

天下万物倚赖它而生，
它却不言不语；
千秋功业由它而造就，
它却不去占有。

芸芸众生得到它养护，
它却不自以为主宰，
这样说来，它真渺小。

万物都愿意归附于它，
它却不自以为主宰，
这样说来，它真伟大！

正因为道从不自以为伟大，
所以才能成就它的伟大！

【浅析】

本章老子论大道之大，重在功成不有，终不为大，取“明道”义。

这里，老子赞扬了大道使天下万物各得其所，各适其性，任运自然而“不为主”的高贵品德。有学者将这个始终“不自为主”、“不自为大”的大道与西方基督教的耶和华比较后发现，耶和华创造万物之后，长而宰之，自我尊大，视天下万物为自己的囊中之物。由此可见，大道“不辞”、“不有”、“不为主”的精神，何其可贵！

A12　天地之根

【原文】

谷神不死①，是谓玄牝②。玄牝之门③，是谓天地根。绵绵若存④，用之不勤⑤。[N06]

【注释】

①谷神：据学者高亨说：“谷神者，道之别名也。”谷亦作“毂”，《尔雅·释言》：“毂，生也。”《广雅·释诂》：“毂，养也。”谷神者，生养之神。谷，形容“道”虚空博大，像山谷。神：形容“道”变化无穷，很神奇。
②玄牝（pìn 聘）：指玄妙的母性。这里指孕育和生养出天地万物的母体。
③门：指雌性（母体的）产门，用来比喻造化天地、生育万物的根源。
④绵绵：连绵不绝。若存：据宋代苏辙解释，是实际存在却无法看到的意思。若，如此，这样。
⑤勤：这里作“尽”讲。

【译文】

这衣养万物的大道啊，
永生永世也不会死灭，

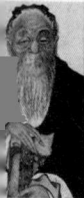

它是宇宙最深处的母体。

宇宙母体的产门，
就是天地诞生的根源。

它连绵不绝又若存若无——
运动作用却无穷无尽！

【浅析】

本章老子论“谷神（即大道）不死”之理，重在不生不灭，无穷无尽，取“明道”义。

老子认为，大道如玄牝之门，天地之根，绵绵若存，用之不勤。这里，老子对大道的赞美，也是对伟大母性的歌颂，这种赞美和歌颂在《老子》一书中随处可见。可以说，老子致虚守静、知雄守雌等思想的根源均来自对于母性慈柔含蓄、包容隐忍等品质的思考、提炼和升华。

A13　万物之宗

【原文】

道冲①，而用之或不盈②。渊兮，似万物之宗③。挫其锐④，解其纷⑤，和其光⑥，同其尘⑦。湛兮，似或存⑧。吾不知谁之子，象帝之先⑨。[N04]

【注释】

①冲：通“盅（zhōng 中）”，指器物虚空，比喻空虚。

②盈：满，引申为尽。

③渊：深远。宗：祖宗，祖先。

④挫其锐：消磨掉它的锐气。挫（cuò 错），消磨，折去。锐，

锐利、锋利。

⑤解其纷：解脱掉它的纠纷。

⑥和其光：调和、隐蔽它的光芒。

⑦同其尘：把自己混同于尘俗。以上四个“其”字，都是说“道”本身的属性。

⑧湛（zhàn 站）：沉没，引申为隐约的意思。“湛”、“沉”古代读音相同。这里用来说明“道”隐没于冥暗之中，不见形迹。似或存：似乎存在。

⑨象：似。

【译文】

道体——广大如虚空，
作用却是无穷无尽的。

道性——宁静而幽远，
似天地之祖，万物之宗。

消磨人们自以为是的锐气，
解脱世间你死我活的纷争，
调和自性的光明境界，
混同生命的微尘本相。

道性——湛然幽隐
（看似虚无，却能感知它的存在；看似存在，却又让人感到虚无）。
我不知道它是谁的圣子，
好像应是帝的先祖！

【浅析】

本章老子论大道“幽隐深邃”的特性，重在取之不尽，用

之不盈，取“明道”义。

老子认为，大道是万物之宗，象帝之先，具有挫其锐、解其纷、和其光、同其尘的作用。这里，老子不仅再次把“道”尊为天地始祖，至高无上，而且也彻底破除了神造天地、神造万物、神造人类等一切神造之说。

A14　善人之宝

【原文】

道者，万物之奥①，善人之宝，不善人之所保②。美言可以市尊③，美行可以加人④。人之不善，何弃之有？故立天子，置三公⑤，虽有拱璧以先驷马⑥，不如坐进此道⑦。古之所以贵此道者何？不曰：求以得⑧，有罪以免邪⑨？故为天下贵。[N62]

【注释】

①奥：一说，为深的意思，不被人看见的地方；一说，是藏，含有庇荫之意。
②不善人之所保：不善之人也要它的保佑。
③美言可以市尊：美好的言辞，可以换来（赢得）别人对你的尊敬。
④美行可以加人：良好的行为，可以见重于人，受到别人的器重。
⑤三公：太师、太傅、太保。
⑥拱璧：指双手捧着贵重的玉。驷马：四匹马驾的车。作为古代的献礼，轻物在先，重物在后。
⑦坐进此道：一说，献上清静无为的道；一说，静心坐下来，进修大道。
⑧求以得：有求就得到，引申为有求必应。
⑨有罪以免邪：有罪的人（因为）得到“道”，可以免去罪过。

【译文】

大道，蕴藏着宇宙万物的奥妙，
善良之人把“大道”视为至宝，
不善之人也祈求“大道”保佑。

美善的言辞可以赢得他人敬仰，
尊贵的行为可以受到他人的器重。

人们虽然有种种不善的行为，
又何曾被“大道”舍弃呢？

所以，树立天子，设置三公，
即便用捧璧在先，驷马车在后，
（这样隆重的礼仪去交游诸侯，）
（依我看）还不如“坐进此道”
（安心静坐深入体悟大道奥妙）！

古时候为什么重视这个“道”呢？
不就是因为依从于大道（一旦悟道）：
有求必可得到，有罪必可免除吗？！
所以，（道）才为天下人所看重的啊！

【浅析】

本章老子劝导世人静下心来“坐进此道”，重在美言可市尊，美行可加人，取“明道”义。

老子认为，大道是万物之奥，善人之宝，不善人之所保，大道的贵重胜过“拱璧”、“驷马”等一切世间的珍宝。人们修习大道，不仅可以有求必应，而且可以免除罪过。这里，可以看出老子殷切希望世人（无论善人与不善人）都能重视、体悟清静无为的道，遵道行事，完善自我。

A15　众妙之门

【原文】

道可道①，非常道②；名可名③，非常名。无④，名天地之始；有⑤，名万物之母⑥。故常无⑦，欲以观其妙⑧；常有，欲以观其徼⑨。此两者，同出而异名，同谓之玄⑩。玄之又玄⑪，众妙之门⑫。[N01]

【注释】

①道可道：第一个“道”是名词，指寂寥独立、周行不殆的“大道”，是宇宙的本原和实质，引申为原理、原则、真理、规律等；第二个“道”是动词，指称道、解说、表述。

②常：平常，一般，普通。道：俗世中的道义、道理等，这里译为道路。

③名可名：第一个“名”是名词，指“道”的形态；第二个“名”是动词，是说明、解释之意。

④无：无形。

⑤有：有形。

⑥母：母体，根源。

⑦常：经常。

⑧妙：微妙。

⑨徼（jiào 叫）：边际、边界，引申为端倪的意思。

⑩谓：称谓，指称。

⑪玄：深黑色，玄妙深邃的含义。

⑫门：大千世界一切奥妙变化的总门径，这里指认识宇宙万物必经的“道”门。

【译文】

“道”可以言说，却不是平常行走的道路；
“名”可以解释，却不是平常呼唤的名字。

以“无”的名义，大道就是天地的始祖；
以“有”的名义，大道就是万物的母亲。

从“无”的角度，可以观想“道”无形的奥妙；
从“有”的角度，可以观察“道”有形的表象。

“有”与“无”，这两者虽然称呼不同，
却同出于“道”——这种“同”就称为“玄”。
玄妙深邃的含义，这就是理解一切微妙玄通的不二法门啊！

【浅析】

本章老子论“道与名”、“有与无”的关系，重在玄之又玄，众妙之门，取“明道”义。

老子认为，道可道，非常道；名可名，非常名。有学者认为，本章是道的总论，也是《老子》一书的总纲。老子认为，道体玄妙幽深，难以言说，可名于有，可名于无，可为天地之始，可为万物之母。

修 身

【题解】

本篇共辑录《老子》原文二十章（编码为 B，由 B01 至 B20），包括“上士闻道”、“清静为正”、“善为士者”、“致虚守静”、“知雄守雌”、“宜重宜静”、“善建善抱”、“抱一无离”、“圣人抱一”、“圣人不病”、“天下有始”、“天长地久”、“人生柔弱”、“含德之厚”、“余食赘形”、“足不出户”、“治人事天”、“我有三宝”、“愚人之心”以及“圣人之道”。

主要内容涉及：闻道之士对待“道”的三种态度（如“上士闻道，勤而行之；中士闻道，若存若亡；下士闻道，大笑之。不笑不足以为道”）、修行的方法（“致虚极，守静笃”、“知其雄，守其雌”）、修行的功德（如“善建者不拔，善抱者不脱，子孙以祭祀不辍。修之于身，其德乃真；修之于家，其德乃余”）、圣人不行而知的道理（如“不出户，知天下；不窥牖，见天道”、“不行而知，不见而明，不为而成”）、君子宜重宜静之道（如“重为轻根，静为躁君。是以君子终日行不离辎重。虽有荣观，燕处超然”）、治人事天之法（如“治人事天，莫若啬。夫唯啬，是谓早服；早服谓之重积德；重积德则无不克……长生久视之道”）以及老子三宝（如“一曰慈，二曰俭，三曰不敢为天下先”）等，详见下文。

B01 上士闻道

【原文】

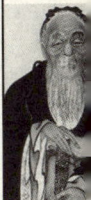

上士闻道，勤而行之；中士闻道，若存若亡；下士闻道，大笑之。不笑不足以为道。故建言有之[①]：明道若昧，进道若退，

夷道若纇[2]；上德若谷，广德若不足，建德若偷[3]，质真若渝[4]；大白若辱[5]，大方无隅[6]，大器晚成，大音希声，大象无形。道隐无名。夫唯道，善贷且成[7]。［N41］

【注释】

①建言：立言。

②夷：平坦。纇（lèi 类）：崎岖不平、坎坷曲折。

③建德若偷：刚健的“德”，（看起来）好像怠惰的样子。偷，意为惰。

④质真若渝：（实际上）质朴而纯真，却好像浑浊。渝，变污。

⑤辱：黑垢。

⑥大方无隅（yú 鱼）：天下最方正的东西却没有角。隅，角落、墙角。

⑦贷：施与，给予，引申为帮助、辅助之意。此句意为：“道”使天下万物善始善终，各得其所，而天下万物自始至终也离不开“道”。

【译文】

上士闻道，勤奋修行；
中士闻道，半信半疑；
下士闻道，大声嘲笑。
不被嘲笑，也就不足以为道！

所以，上古立言的人才说：
光明的大道却像暗昧不明；
前进的大道却像在往后退；
平坦的大道却像坎坷不平；
崇高的德行像低下的山谷；
广博的德行似乎有所不足；
刚健的德行似乎有些怠惰；
质朴纯真的德行好像混浊。

(真正的) 天下最白的东西仿佛含有黑垢;
(真正的) 天下最方正的东西却没有四角;
(真正的)“大器”通常最后完成;
(真正的)“大音”难以听闻响声;
(真正的)“大象”没有具体形状。

大道啊，如此幽深隐晦而无以名状;
唯有道，善于施与且善于成全万物!

【浅析】

本章老子论“道隐无名”之理，重在上士闻道，勤而行之，取“修身”义。

老子认为，只有大道具有“善贷善成”（生化万物）的能力，并进一步论述明道、进道、夷道，上德、广德、建德、质真，大白、大方、大器、大音、大象等特征。这里，老子鲜明且形象地指出了三种截然不同的“闻道”态度：上士闻道，会努力去实践，去体悟，去修行；中士闻道，半信半疑，犹豫不决；下士闻道，哈哈大笑，讥讽嘲弄。此外，老子在本章一口气引用了十二句古语，旨在从矛盾的观点阐明现象与本质之间隐含着对立统一关系，再一次说明相反相成是任何事物发展变化的基本规律。

B02 清静为正

【原文】

大成若缺①，其用不弊②；大盈若冲③，其用不穷。大直若屈④，大巧若拙，大辩若讷⑤，大赢若绌⑥。静胜躁，寒胜热。清静为天下正。[N45]

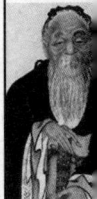

【注释】

①大成：最完备、最圆满的东西。

②弊：停止，引申为破败意。

③冲：虚，空虚。

④屈：曲。

⑤讷（nè 呐）：拙嘴笨舌。

⑥绌（chù 处）：不足，不够。

【译文】

（真正完美无缺的）最圆满的东西，
总好像有所缺陷，
然而它的功用，却永不败坏。

（真正丰盈美满的）最充盈的东西，
总好像空虚缥缈，
然而它的功用，却无穷无尽。

最正直的（大直）好像弯曲，
最智巧的（大巧）好像笨拙，
最善辩的（大辩）好像口讷，
最盈利的（大赢）好像亏本。

安静胜过躁动，寒冷胜过燥热。
清静无为才是天下的正道！

【浅析】

本章老子论“清静为天下正”的道理，重在无为自化，清静自正，取“修身”义。

老子认为，静胜躁，寒胜热。同时，他从大成、大盈、大直、大巧、大辩以及大赢的角度论说大道的品质。大道这种品质

如果落实到人的身上，就是一个完美的人格，这种完美不在于外形表现，而是内在自我生命的含藏收敛。有学者认为，老子这一章所讲述的仍是辩证法思想，有些事物表面看来是一种情况，实际上却是另一种情况，甚至有时这两种情况完全相反。

B03　善为士者

【原文】

古之善为士者[①]，微妙玄通，深不可识。夫唯不可识，故强为之容[②]：豫兮，若冬涉川[③]；犹兮，若畏四邻[④]；俨兮，其若客[⑤]；涣兮，其若凌释[⑥]；敦兮，其若朴[⑦]；旷兮，其若谷[⑧]；混兮，其若浊[⑨]。孰能浊以静之[⑩]，徐清；孰能安以动之[⑪]，徐生。保此道者，不欲盈[⑫]。夫唯不盈，故能蔽而新成[⑬]。［N15］

【注释】

①善为士者：指得“道”之人。

②容：形容、描述。

③豫兮：引申为迟疑慎重的意思。豫，原是野兽的名称，性好疑虑。涉川：战战兢兢、如临深渊。

④犹：原是野兽的名称，生性警觉，这里用来形容警觉、戒备的样子。若畏四邻：形容不敢轻举妄动。

⑤俨兮：形容端谨、庄严、恭敬的样子。俨，恭敬。客：一本作“容”，当为客之误。

⑥涣兮，其若凌释：此句原为“涣兮，其若冰之将释”，据帛书本校定。涣，涣散。凌，冰块。此句意思是，融化流散，像河里的冰凌消融。

⑦敦兮，其若朴：形容敦厚老实的样子。敦，纯厚。朴，未经雕凿的原木。

⑧旷兮，其若谷：形容心胸开阔、旷达。旷，空旷。

⑨混兮，其若浊：形容浑厚纯朴的样子。混，与“浑”通用，浑厚。

⑩浊：动态。

⑪安：静态。

⑫不欲盈：不求自满。盈，满。

⑬蔽而新成：虽然敝旧却能重获新生，即除旧更新的意思。

【译文】

古代得“道”之人（的道德功夫真是）——
微妙玄通，深不可识！
由于深不可识，就只能勉强来形容：
（善于修道之人的外在形象，看起来）——
谨慎小心，好像冬天踩踏冰面过河；
警觉戒备，好像畏惧四面敌人围攻；
恭敬严整，好像应邀在朋友家做客。

（善于修道之人的精神世界，想必是）——
焕然一新，像初春将要融化的冰凌；
敦厚纯朴，像未经加工雕琢的原木；
心胸开阔，像大山深处幽静的空谷；
浑厚纯朴，像无法沉淀下来的浊水。

（是啊，说起来容易，在当今这样的时代，试问：）
谁能在混浊不安的状态下静下心来，徐徐清净呢？
谁能在安逸舒适的环境下动起身来，徐徐生起呢？

保全这些道理的人，是不会自满自溢的。
唯有不自满，才能历经凋敝而屡获新生！

【浅析】

本章老子论古代“善为士者”的形象气质，重在浊静徐清，安动徐生，取“修身”义。

老子认为，古代修道人士的功夫很了不起，已经达到微妙玄通、深不可测的地步了，但仍然保持小心谨慎、从不自满的心态。这里，老子以近乎诗歌的语言，形象地描述了修道者小心谨慎、恭敬端庄、深沉宁静、飘逸浪漫等精神风貌和外在气质。通过老子的描述，人们对“善为道者”的认识必定会更加具体，更加鲜明，并把他们视为修道者的榜样。

B04　致虚守静

【原文】

致虚极，守静笃①。万物并作②，吾以观复③。夫物芸芸④，各复归其根⑤。归根曰静⑥，静曰复命⑦。复命曰常⑧，知常曰明⑨。不知常，妄作凶。知常容⑩，容乃公，公乃王⑪，王乃天⑫，天乃道，道乃久，没身不殆。[N16]

【注释】

①致虚极，守静笃：虚和静都是形容人的心境处于虚无清静状态，但由于外界的干扰、诱惑，人的私欲开始活动，导致人们心灵蔽塞不安，无法达到虚静状态，所以必须通过“致虚”和“守静”，以期恢复心灵的空明、清澈。极和笃，意为极度、顶点。

②作：生长、发展、活动。

③复：循环往复。

④芸芸：茂盛、纷纭、繁多。

⑤归根：归根即复归于道。根，指道。

⑥曰静：一本作“是谓”。

⑦复命：复归本性，重新孕育新的生命。
⑧常：指万物运动变化的永恒规律，即守恒不变的规则。
⑨明：明白、了解。
⑩容：宽容、包容。
⑪王：周到、周遍。
⑫天：指自然的天，或为自然界的代称。

【译文】

内心虚化，达到极点，
安守寂静，达到纯一。

万物生长，生生不息，
我透过万物循环往复，
来观察大道运动规律。

（我感悟到）——
芸芸万物，像落叶一样，
最终都复归于它的本根。

回归本根就是得到平静安息，
平静安息便复归本性。
复归生命是永恒的规律，
认知永恒就能了解物。

如果不认知永恒的大道，
人们就难免不恣意妄为，
恣意妄为的后果很凶险。

（那么，认知永恒的大道有什么好处呢？）
领悟大道，就能做到虚静涵养，宽大包容；

宽大包容，就能秉持公平正义，胸怀坦荡。

公义坦荡，就能全面周到；
周到全面，就是合乎自然；
合乎自然，就是合于大道；
合于大道，就得以生命长久。

（因此，）体悟大道，遵道而行，
（才有可能让人）终身没有危险！

【浅析】

本章老子论“致虚守静”的道理，重在归根复命，没身不殆，取“修身”义。

老子认为，知常容，容乃公，公乃王，王乃天，天乃道，道乃久，奉劝世人从虚静的角度重新审视生命的根本意义。这里，老子突出强调了“致虚”、“守静”的功夫。在老子看来，天下万事万物的发展变化都遵循着一个同样的运动规律，只要人们充分了解、认识这个规律，就能够体悟到“大道”的本性，从而达到“归根”、“复命”回归本源的状态，而达成这一目标的办法只能通过“致虚守静”。

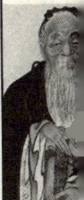

B05　知雄守雌

【原文】

知其雄[1]，守其雌[2]，为天下溪[3]。为天下溪，常德不离，复归于婴儿[4]。知其白，守其黑，为天下式[5]。为天下式，常德不忒[6]，复归于无极[7]。知其荣[8]，守其辱[9]，为天下谷[10]。为天下谷，常德乃足，复归于朴[11]。朴散则为器[12]，圣人用之，则为官长[13]，故大制不割[14]。［N28］

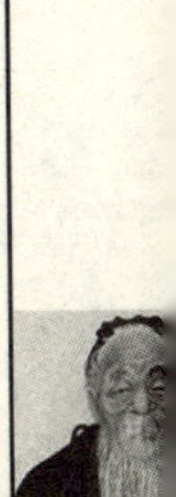

【注释】

①雄：比喻刚劲、躁动、强大。

②雌：比喻柔弱、安静、谦下。

③溪：山间小水沟，溪涧。

④婴儿：象征纯真、稚气。

⑤式：楷模、范式。

⑥忒：过失、差错。

⑦无极：意为终极的真理。

⑧荣：荣誉，宠幸。

⑨辱：侮辱、羞辱。

⑩谷：深谷、峡谷，喻胸怀广阔。

⑪朴：朴素。指纯朴的原始状态。

⑫器：器物。指万事万物。

⑬官长：百官的首长，领导者、管理者。

⑭制：制作器物，引申为政治。割：割裂。此句意为：完整的政治是不割裂的。

【译文】

深知什么是雄强，却甘守雌弱，
（这样的人）堪为天下的溪涧。
能够成为天下的溪涧，永恒大德不离失，
（这样就可以）复归于婴儿般纯真的状态。

深知什么是明亮，却甘守暗昧，
（这样的人）堪为天下的楷模。
能够成为天下的楷模，永恒大德无过失，
（这样就可以）复归于不可穷极的状态。

深知什么是荣耀，却甘守羞辱，
（这样的人）堪为天下的川谷。

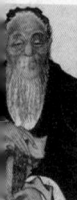

能够成为天下的川谷，永恒大德才充足，

（这样就可以）复归于那质朴无华的状态。

【浅析】

本章老子论“返璞归真”之法，重在大器晚成，大制不割，取“修身”义。

老子认为，人们如果能够做到知雄守雌、知白守黑、知荣守辱，这样就可以（体会到）复归于婴儿、复归于无极、复归于朴（的境界）。这里，老子再次提出“复归”的观点以及“知雄守雌”等具体的复归原则或方法。这些观点与前一章“致虚守静”、“复归其根”的观点相类似，主要体现了当时身处乱世之中的老子的处世原则和生活态度，当然，这些原则和态度也符合“大道”的要求。

B06　宜重宜静

【原文】

重为轻根，静为躁君①。是以君子终日行不离辎重②。虽有荣观③，燕处超然④。奈何万乘之主⑤，而以身轻天下⑥？轻则失根⑦，躁则失君。［N26］

【注释】

①躁：动。君：主宰。

②君子：一本作“圣人”。指理想之主。辎（zī 资）重：军中载运器械、粮食的车辆。即行军时运输的物资。

③荣观：贵族游玩的地方，指华丽丰厚的物质生活。

④燕处：安居之地，安然处之。

⑤万乘：指拥有兵车万辆的大国。乘，指古代车子的数量。

⑥以身轻天下：觉得自己比天下都重要。

⑦轻则失根：轻浮纵欲，则会丧失治身之根本。

【译文】

稳重是轻率的根本，
沉静是急躁的主宰。

圣人明白这个道理，
所以视辎重为根本。
虽有荣观不为所动，
泰然处事超然物外。

奈何万乘大国君主，
以轻率急躁治天下？

轻率就会丧失根本，
急躁就会丧失主宰！

【浅析】

本章老子论“重为轻根，静为躁君”的道理，重在持重守静，戒轻戒躁，取“修身”义。

老子认为，君子终日行不离辎重，并告诫“万乘之主”（统治者）切不可以身轻天下，否则将失去立身立命的根本。这里，老子又一次举出两对日常生活中的矛盾现象——轻与重、动与静，并指出重静才是根本。显然，老子的这番话主要是讲给君主听的，作为一国君王，应当守静、持重，而不应轻浮、躁动；否则，不仅无法修身齐家，更无法治国平天下。

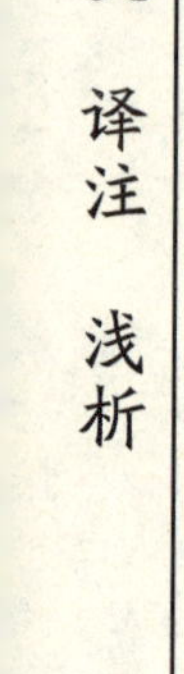

B07　善建善抱

【原文】

善建者不拔，善抱者不脱[①]，子孙以祭祀不辍[②]。修之于身，其德乃真；修之于家，其德乃余；修之于乡，其德乃长[③]；修之于邦[④]，其德乃丰；修之于天下，其德乃普。故以身观身，以家观家，以乡观乡[⑤]，以邦观邦，以天下观天下。吾何以知天下之然哉？以此。［N54］

【注释】

①抱：抱住、固定、牢固。

②辍（chuò 绰）：中止，停止。此句意为：祖祖孙孙都能够遵守“善建”、“善抱”的道理，后代的香火就不会终止。

③长：尊崇。

④邦：一本作“国”。

⑤故以身观身，以家观家，以乡观乡：以自身察看观照别人，以自家察看观照别家，以自乡察看观照别乡。

【译文】

善于建造的人，（其所建造的）永不能拔除，
善于固定的人，（其所抱持的）永不会脱落。
（如果后世子孙能遵循这善建善抱之道，）
（那么）世世代代的祭祀必然会绵绵不绝。

一人能这样，这一人的品德必纯真无瑕。
一家能这样，这一家的品德必充实有余。
一乡能这样，这一乡的品德必深远流长。
一国能这样，这一国的品德必丰满兴隆。

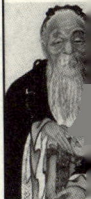

若以此教化天下，好的品德必普及天下。

因此，（如果运用对比的方法来观察：）
以我自身之德，观察他人之德；
以我自家之德，观察他家之德；
以我本乡之德，观察他乡之德；
以我本国之德，观察他国之德；
以今日天下之德，观察未来天下之德。
（这样，你就会明白得失存亡的道理！）
我是如何知道天下万物乃至大道理论的呢？
就是运用上面所说的道理和方法而知道的。

【浅析】

本章老子论“善建不拔，善抱不脱”的道理，重在以身观身，以国观国，取“修身”义。

老子认为，修道者应当从身家、乡国、天下的角度循序渐进，才有可能达到德真、德余、德长、德丰、德普的结果。这里，老子主要阐述了修身的原则、方法和作用。在老子看来，修身的原则是一个人立身处世的根本，只有确立根本，才可以立身、为家、为乡、为天下，而这个根本就是“道（德）”。如果将本章老子的观点与儒家“格物致知”、“诚意正心”、“修身齐家”、“治国平天下”的观点比较研究，人们或许有不同的发现和启示。

B08　抱一无离

【原文】

载营魄抱一①，能无离乎？专气致柔②，能如婴儿乎③？涤除玄览④，能无疵乎？爱民治国，能无知乎⑤？天门开阖⑥，能为雌

乎[⑦]？明白四达，能无为乎[⑧]？生之畜之[⑨]，生而不有，为而不恃，长而不宰，是谓玄德[⑩]。[N10]

【注释】

①载营魄抱一：载，用作助语句，相当于夫。营魄，即魂魄。抱一，即合一。一，指道，抱一意为魂魄合而为一，二者合一即合于道。又解释为身体与精神合一。

②专气：即集气。专，结聚之意。

③能如婴儿乎：能像婴儿一样吗？

④涤除：扫除、清除。玄览：指人心灵深处明澈如镜、深邃灵妙。玄，奥妙深邃。

⑤知：通智，指心智、心机。

⑥天门：有多种解释，一说，指耳目口鼻等人的感官；一说，指兴衰治乱之根源；一说，是指自然之理；一说，是指人的心神出入即意念和感官的配合。这里取“感官说”。开阖（hé 合），即动静、变化和运动。

⑦雌：原义为雌性，这里引申为宁静的意思。

⑧能无为乎：即无为而治。

⑨畜：养育、繁殖。

⑩玄德：玄秘而深邃的德行。

【译文】

谁能使灵魂与大道拥抱合一，（浑然一体）永不分离？
谁能让肉体与气血聚合如一，好像婴儿般纯朴柔顺？
谁能把杂念以道之净水洗涤，（恢复清静）没有瑕疵？

爱民治国，谁能（舍智顺道）淡泊无知呢？
感观变化，谁能（效法大道）安静守雌呢？
明白通达，谁能（超越知障）清静无为呢？

是大道生化了万物，是大道养育了万物，
大道生化万物却不自行占有——（无私），
大道居功至伟却不自恃其功——（无争），
大道长养万物却不自视主宰——（无为）。
这便是（大道）深不可测的玄妙德行啊！

【浅析】

本章老子论“抱一无离”之法，重在专气致柔，涤除玄览，取“修身”义。

老子认为，大道衣养万物，生而不有，为而不恃，长而不宰，可谓是玄德，玄德又深又远。这一章，老子仍然着重讲述修身的功夫，并通过六句问话，从“道”的角度对普通人和统治者提出了建议或要求。老子认为，人们应当努力做到将精神和形体合一（近似“身心合一”的观点）而不发生偏离，从而心境笃定，摒弃杂念，顺应自然规律，提升道德修养。当然，如果人们将本章老子提出的修行观点和方法与佛家“闻思修，戒定慧”等修持法门比较研究，也一定会有新的发现和启示。

B09　圣人抱一

【原文】

“曲则全，枉则直①，洼则盈，敝则新②，少则得，多则惑。”是以圣人抱一为天下式③。不自见，故明④；不自是，故彰；不自伐⑤，故有功；不自矜，故长。夫唯不争，故天下莫能与之争。古之所谓“曲则全”者，岂虚言哉？诚全而归之。［N22］

【注释】

①枉：屈、弯曲。这里指遭受人为的扭曲。
②敝：凋敝。

③抱一：抱，守。一，即道。此意为守道。式：法式，范式。
④见：同“现”。明：彰明。
⑤伐：夸。

【译文】

委曲得以保全，矫枉得以正直；
低洼得以充盈，破敝得以更新；
少取反而有得，贪多反而困惑。

所以，圣人（看破了这个道理，）
情愿与大道拥抱合一、永不分离，
努力为天下作出范式、永不懈怠。

不自我表现，所以才看得分明。
不自以为是，所以才明辨是非。
不自我夸耀，所以才建成大功。
不自高自大，所以才为人官长。

只有不争，天下便无人能与他争。
可见，古人所谓“曲则全”的道理，
怎么可以看作是虚言呢？（你要知道，）
这是成全一切、回归自然的真理啊！

【浅析】

本章老子论圣人“抱一不争”的道理，重在曲则全，枉则直，取“修身”义。

这里，老子从日常生活经验的角度，进一步阐明了其朴素的辩证法思想。本章一开头，老子就用了六句古语，说明事物由正面向反面转化所蕴含的辩证法思想，即委曲和保全、弯曲和伸直、低洼和盈溢、陈旧和新生、缺少和获得、贪多和困惑。通过

这些细致入微的观察和思考，老子得出的结论是“不争”。同时，奉劝世人应当努力做到不自见、不自是、不自伐、不自矜，这样才可以得长久。

B10　圣人不病

【原文】

知不知①，尚矣②；不知知③，病也。圣人不病，以其病病④。夫唯病病，是以不病。［N71］

【注释】

①知不知：一说，知道却不自以为知道；一说，知道自己有所不知。
②尚：通“上”。
③不知知：一说，不知道却自以为知道；一说，不知道（大道）真理，却自以为知道。
④病病：意思是把病当作病。病，毛病、缺点。

【译文】

知道自己仍有所不知，
（能够这样对待“不知”，）这就最好。

不知道却自以为知道，
（如果这样对待“不知”，）就是缺点。

圣人没有缺点，
因为他将缺点慎重对待。
只有把缺点慎重对待，
圣人才不会有缺点。

【浅析】

本章老子论“圣人不病”之理（即对待认知的态度），重在知所不知，病其所病，取“修身”义。

老子认为，圣人（即有道之士）夫唯病病，是以不病；世人以不知为有知，是以病。本章的含义近似于儒家“知之为知之，不知为不知，是知也”的观点。

B11　天下有始

【原文】

天下有始[1]，以为天下母[2]。既得其母，以知其子[3]；既知其子，复守其母，没身不殆。塞其兑，闭其门[4]，终身不勤[5]。开其兑，济其事[6]，终身不救。见小曰明[7]，守柔曰强[8]。用其光，复归其明[9]，无遗身殃[10]。是为袭常[11]。［N52］

【注释】

①始：本始，元始，这里指“道”。

②母：根源，这里指“道”。

③子：派生物，指由“母”所产生的万物。

④兑：指口，引申为孔穴。门：指门径。此句意为：塞住嗜欲孔穴，闭上欲念门径。

⑤勤：劳作。

⑥开其兑，济其事：打开嗜欲的孔穴，增加纷杂的事件。

⑦见小曰明：能察见细微，才叫做“明”。小，细微。

⑧强：强健，自强不息。

⑨复归其明：指光向外照射，明向内透亮。发光体本身为“明”，照向外物为“光”。

⑩无遗身殃：不给自己带来麻烦和灾祸。

⑪袭常：袭承常道。

【译文】

天下必有元始的大道，
把它尊为天下的根源。
既然晓得万物的根源，
便能了解其派生万物。

既然知道其派生万物，
就应当回归守护根源。
这样就终身没有危险。

堵塞嗜欲的感觉器官，
关闭取巧图利的欲门，
终生不会有劳苦愁烦。

敞开嗜欲的感觉器官，
急功近利成全世间事，
便终生都不可救药了。

能察微悟道才叫明白，
能持柔守弱才叫刚强。
凭借大道智慧之光芒，
复归内心觉悟之清明，
不要给自身留下祸殃。
这就是承袭永恒大道。

【浅析】

本章老子论“袭常”（即承袭常道）之理，重在复归其明，无遗身殃，取“修身”义。

老子认为，天下有始，以为天下母（即大道），既得其母（本），可知其子（末）；既知其子，复守其母，没身不殆。这里，老子主要向人们说明如何才能真正把握事物的本质及其发展变化的规律，奉劝人们通过对天下万物的体验和认识逐步探索其源头，逐步去除私欲和妄念的阻碍。

B12　天长地久

【原文】

天长地久①。天地所以能长且久者，以其不自生②，故能长生。是以圣人后其身而身先③，外其身而身存④。非以其无私邪⑤？故能成其私。［N07］

【注释】

①天长地久：指时间漫长而悠久。
②以其不自生：因为它不为自己生存。以，因为。
③身：自身，自己。先：居先，占据前位。这里指高居人上的意思。
④外其身：这里是置之度外的意思。外，是方位名词作动词用，使动用法。
⑤邪（yé 爷）：同“耶”，助词，表示疑问的语气。

【译文】

（世人都渴望）时间漫长而悠久。
天地之所以能长且久，
是因为天地不为自己而生，
不自生故而能得长生。

圣人明白其中的道理：
藏身于后反而得以高居人上，
置身于外反而得以保有自身。

（得先机、得存活的原因，）
不正是由于圣人的无私吗？
（正因为圣人能无私无争，）
反倒成全了圣人的“私”！

【浅析】

本章老子论“天长地久”的道理，重在后身身先，外身身存，取“修身”义。

老子认为，天地所以能长且久者，是因为天地不自生，故能长生。兼论圣人以其无私，而成全其“私”的道理，以此警示世人不要执迷于自私自利，而不能自拔，甚至为了谋取私利而丧失身家性命。

B13 人生柔弱

【原文】

人之生也柔弱①，其死也坚强②。草木之生也柔脆③，其死也枯槁④。故坚强者死之徒⑤，柔弱者生之徒⑥。是以兵强则灭，木强则折⑦。强大处下，柔弱处上。［N76］

【注释】

①柔弱：指人活着的时候身体是柔软的。
②坚强：指人死了以后身体就变成僵硬的了。
③草木：一本，在此之前有“万物”二字。柔脆：指草木柔软脆弱的特性。
④枯槁：形容草木干枯。
⑤死之徒：即属于死亡的一类。徒，类的意思。
⑥生之徒：属于生存的一类。

⑦兵强则灭，木强则折：一本作“兵强则不胜，木强则折”。

【译文】

人活着的时候，
身体是柔弱的；
人死去的时候，
尸体是僵硬的。

草木生长之时，
枝叶是柔脆的；
草木死去之时，
一样凋谢枯槁。

所以，
坚强，象征死亡；
柔弱，象征生命。

由此，
军队一旦强大，就会（被）消灭，
树木一旦强壮，就会（被）摧折。

可见，
强大（未必就好，结果）常处于下势；
柔弱（未必就坏，结果）常处于上势！

【浅析】

本章老子论“柔弱”与“坚强”的辩证关系，重在强大处下，柔弱处上，取“修身”义。

老子认为，坚强者，死之徒，柔弱者，生之徒，并以此推论出“兵强则灭”、“木强则折”的观点。这里，老子仍然以日常

生活中常见的现象，反复强调“柔弱胜刚强”的观点。老子通过观察人之生死、草之荣枯，体悟到自然界乃至人类社会中普遍存在着“坚强者死（之徒）”、“柔弱者生（之徒）”的规律，这种直观的认识和抽象思维构成了老子“持柔守弱”思想的源泉。

B14 含德之厚

【原文】

含德之厚，比于赤子。毒虫不螫①，猛兽不据②，攫鸟不搏③。骨弱筋柔而握固。未知牝牡之合而朘作④，精之至也。终日号而不嗄⑤，和之至也。知和曰常⑥，知常曰明。益生曰祥⑦，心使气曰强⑧。物壮则老⑨，谓之不道，不道早已。[N55]

【注释】

①毒虫：指蛇、蝎、蜂之类的有毒虫子。螫（shì 是）：毒虫子用毒刺刺人。
②据：兽类用爪、足攫取物品。
③攫（jué 决）鸟：用脚爪抓取食物的鸟，例如鹰隼（sǔn 损）一类的鸟。搏：鹰隼用爪击物。
④朘作：婴孩的生殖器勃起。朘（zuī）：男子的生殖器。
⑤嗄（shà 厦）：嗓音嘶哑。
⑥知和曰常：和，指阴阳二气合和的状态。常，指事物运作的规律。
⑦益生：纵欲贪生。祥：这里指妖祥、不祥。
⑧强：逞强、强暴。
⑨壮：强壮。

【译文】

道德淳厚之人，

好比赤裸婴儿。
毒虫不会螫他，
猛兽不会咬他，
凶禽不会伤他。

婴儿筋骨柔弱却能紧握。
不懂男女交合之事，
而小生殖器却能翘起，
这是精气充足的缘故！
他终日哭号而声音不哑，
这是和气充盈的缘故！

知道阴阳合和的道理叫“常”，
知道永恒常理的智慧叫“明”。
纵欲贪生（反而会）令人不吉祥，
起心动气（其结果）就叫逞强。

事物一旦壮大就开始衰老，
因为这不符合持柔守弱的大道，
不合于道，就会提早消亡！

【浅析】

本章老子论“含德之厚，比于赤子”的道理，重在厚德载物，自强不息，取“修身”义。

这里，老子奉劝世人应努力做到知和、知常，力求避免“以心使气”、物壮则老等不符合大道的行为。如果人们不能做到“静之至”（精神充实饱满）、“和之至”（心灵圆满和谐）的状态，就容易走向纵欲贪生、逞强动气的一面，这样的后果不仅危害自己，也危害他人。

B15　余食赘形

【原文】

企者不立[①]，跨者不行[②]。自见者不明，自是者不彰，自伐者无功，自矜者不长。其在道也，曰：余食赘形[③]。物或恶之，故有道者不处。[N24]

【注释】

①企：意为踮起脚跟，脚尖着地。

②跨：跃过、越过，即阔步而行。

③赘（zhuì 坠）形：形体上的多余之处，因饱食而使身上长出多余的赘肉。

【译文】

踮起脚跟（站立）的人难以久立，
跨越步伐（行走）的人难以远行。
好自我表现的人，不算真聪明；
好自以为是的人，不是真彰显；
好自我夸耀的人，没有真功夫；
好自高自大的人，不配做官长。

从大道的观点来看，（可说是）
餐桌上剩下的饭菜——“余食”
皮肤上长出的赘肉——“赘形”
它们既显得多余，又没有用处，
只会让人们在内心感到厌恶。
所以知晓大道的人才不会这样去做。

【浅析】

本章老子论“企者不立，跨者不行”的道理，重在余食赘形，无益修道，取“修身”义。

老子认为，自见者不明，自是者不彰，自伐者无功，自矜者不长。因为这些自见自是、自伐自矜的行为显得多余而且无用，是个人追求私欲、自我私心膨胀的表现，不符合大道持柔守弱、俭啬谦卑的要求，这样下去不会有好结果。

B16　足不出户

【原文】

不出户，知天下；不窥牖①，见天道②。其出弥远，其知弥少③。是以圣人不行而知，不见而明④，不为而成⑤。［N47］

【注释】

①窥（kuī 亏）：从小孔隙里看。牖：窗户。

②天道：日月星辰运行的自然规律。

③其出弥远，其知弥少：这个道理类似佛家的“所知障”，即知识越多反而会越受干扰，甚至妨碍人们悟道（明心见性）。这里是指妨碍人们认识大道真理。弥，愈，更加。

④不见而明：一本作“不见而名”。此句意为不窥见而明天道。

⑤不为：无为、不妄为。

【译文】

不走出屋门，可（推）知天下事理；

不望出窗外，可（想）见天道变化。

（人们为了增长见识）出行得越远，

（人们对于大道真理）知道得越少！

所以，对于圣人来说——
不必亲身远行就能知晓天下万物，
不必亲眼看见就能明白大道之理，
不必亲力亲为就能成就大功伟业。

【浅析】

本章老子论“不为而成”的道理，重在勿舍本逐末，勿舍近求远，取“修身”义。

老子认为，“出弥远，知弥少”。人类社会的科技进步（如互联网），似乎证明了老子“不出户，知天下”这个“预言”，因为“见多识广”，不等于就能认知大道，即知“识”未必知“道”，这种观点类似于佛家常言的“所知障”（所谓的知识越多，反而会阻碍人们明心见性，感悟真理）。

B17 治人事天

【原文】

治人事天，莫若啬[①]。夫唯啬，是谓早服[②]；早服谓之重积德[③]；重积德则无不克；无不克则莫知其极；莫知其极，可以有国；有国之母[④]，可以长久。是谓深根固柢，长生久视之道[⑤]。［N59］

【注释】

①治人：治理百姓。事天：保守精气、养护身心。对“天”的解释一般有两种：一是指身心，一是指自然。此句意为保养天赋。啬（sè 色）：爱惜、保养。

②早服：早为准备。

③重积德：不断地积德。

④有国之母：有国，含有保国的意思。母，根本、原则。
⑤长生久视：长久地维持、永恒地存在。

【译文】

治理人事，侍奉上天，
最重要的，就是惜爱——“啬”。

唯有惜爱，才能尽早合于大道。
早合大道，就是要厚积功德。
厚积功德，就会无往而不克。
无往不克，就可以力量无限。
力量无限，就可以治理国家。
治国以道，就可以长治久安。

这可谓是深根固柢，长久地维持永恒地存在的大道！

【浅析】

本章老子论“治人事天”的道理，重在深根固柢，长生久视，取“修身”义。

老子认为，“啬”的好处是早服于道、重积德、无不克、莫知其极、可以有国，这些都是要劝导人们学习“俭啬内敛”之道。这里，需要指出的是，老子所讲的“啬”不是通俗意义上人们对于财物的“吝啬”（小气），而是把“啬”作为修身养性方面的重要美德来弘扬，旨在劝导人们应当注意精神层面的蓄养、守护、培育。

B18　我有三宝

【原文】

天下皆谓我道大①，似不肖②。夫唯大，故似不肖。若肖，久矣其细也夫③。我有三宝④，持而保之：一曰慈，二曰俭⑤，三曰不敢为天下先。慈，故能勇⑥；俭，故能广⑦；不敢为天下先，故能成器长⑧。今舍慈且勇⑨，舍俭且广，舍后且先，死矣！夫慈以战则胜⑩，以守则固。天将救之，以慈卫之。[N67]

【注释】

①我道大：道即我，我即道。“我”这里不是老子用作第一人称，即不是自称之词。

②似不肖：意为不像具体的事物。一说，没有任何东西和我相似。肖，相似之意。

③若肖，久矣其细也夫：以上这一段，有学者认为它是错简。

④三宝：三件法宝，或三条原则。

⑤俭：啬，保守，有而不尽用。

⑥慈，故能勇：因为仁慈所以能勇武。

⑦俭，故能广：因为俭啬所以能大方。

⑧器长：万物的首长。器，指万物。

⑨且：取。

⑩以战则胜：一本作“以阵则亡”。

【译文】

天下人都认为“我道”伟大，
似乎不再有具体形象了。
正因为大，所以无具象。
若有具象，那就是细小了。

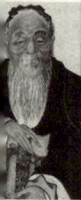

我秉持保全着三条原则：
一是慈爱；
二是俭啬；
三是不敢为天下先（即谦让无争）。

因为慈爱所以包容，故能（做到真正的）勇武；
因为俭啬所以寡欲，故能（做到真正的）宽广；
因为谦让所以无争，故能成为这万物的首长。

然而今天这个时代（却不是这样）——
舍弃慈爱之心，一味追求勇力，
舍弃俭啬之心，一味追求大方，
舍弃后让之心，一味追求争先，
（照这样下去）离死亡不远了！

（三宝之中）慈爱，是最重要的——
以慈爱之心来战斗就可得胜利，
以慈爱之心来守护就可以坚固。

上天将要拯救谁，就以慈爱护卫谁！

【浅析】

本章老子自述“我有三宝”：一曰慈，二曰俭，三曰不敢为天下先，重在天将救之，以慈卫之，取“修身”义。

老子认为，这样做的好处是慈而后能勇，俭而后能广，不为天下先则能成器长。有学者认为，老子所说的“慈”，即是爱心加上同情感；“俭”，即是含藏培蓄，不骄奢，不妄为；“不敢为天下先”，即是“谦让”、“不争”的思想。有道的人综合运用这三项原则，就能取得非常好的效果；否则，便会自取灭亡。

B19 愚人之心

【原文】

唯之与阿[1]，相去几何？美之与恶[2]，相去若何？人之所畏[3]，不可不畏。荒兮[4]，其未央哉[5]！众人熙熙[6]，如享太牢[7]，如春登台[8]。我独泊兮，其未兆[9]。沌沌兮[10]，如婴儿之未孩[11]；儽儽兮[12]，若无所归。众人皆有余[13]，而我独若遗[14]。我愚人之心也哉[15]！俗人昭昭，我独昏昏[16]。俗人察察，我独闷闷[17]。澹兮其若海；飂兮[18]若无止。众人皆有以，而我独顽且鄙[19]。我独异于人，而贵食母[20]。［N20］

【注释】

①唯：表示恭敬地答应，通常是晚辈回答长辈的声音。阿：表示怠慢地答应，这通常是长辈回答晚辈的声音。一说，唯的声音低，阿的声音高，这是区别尊贵与卑贱的用语。

②美之与恶：即美丑、善恶。

③畏：惧怕，畏惧。

④荒兮：广漠，遥远。

⑤未央：未尽，未完。

⑥熙熙：形容纵情奔放，兴高采烈的样子。熙，兴起，兴盛，和乐。

⑦享太牢：这里是指参加丰盛的宴席。太牢是古代人把准备祭祀用的牛、羊、猪事先放在牢里养着。

⑧如春登台：如同在春天里登台远眺。

⑨我：一说，“我”是老子自称；一说，可理解为所谓“体道之士”。泊：淡泊、恬静。未兆：没有征兆，没有预感和迹象，意思是不为所动，不炫耀自己。

⑩沌沌兮：混沌，不清楚的样子。

⑪孩：同“咳”，形容婴儿发出的笑声。

⑫儽儽（lěi 磊）兮：疲倦散漫的样子。
⑬有余：有丰盛的财货。
⑭遗：不足的意思。
⑮愚人：纯朴、直率的状态。
⑯昭昭：智巧光鲜的样子。昏昏：愚钝暗昧的样子。
⑰察察：严厉苛刻的样子。闷闷：纯朴诚实的样子。
⑱澹（dàn 旦）兮：辽远广阔的样子。飂（liú 流）兮：飘浮的样子。
⑲有以：有用，有为，有本领。顽且鄙：形容愚陋、笨拙。
⑳贵食母：这里指以守道为贵。母，即“道”，道是生育天地万物之母。

【译文】

尊贵与卑贱，相差有多远？
赞美与厌恶，有什么区别？
人所畏怕的，不可不畏怕。
眼下的世道，冷漠如荒野！

众人熙熙攘攘场面很热闹，
好像是在享受盛大的宴席，
好像是在春天里登台远眺。

唯独我浑然无觉，好像不曾开化的样子——
混混沌沌，像个还不懂嬉笑的新生婴儿；
疲惫沮丧，像个四处流浪无家可归的人。

众人皆有丰盛的财货，
唯独我仿佛有所不足。

我真是保持了纯朴直率的心！

（否则，我怎么会如此不通世务。）
世俗之人个个精明能干圆滑乖巧，
唯独我一个昏昏昧昧又不识时务。
世俗之人个个精于计算利害得失，
唯独我一个纯朴诚实。

（尽管如此，我仍愿意追随于大道。）
淡泊宁静，静如大海般（无涯无际）；
心随道动，动如大风般（无休无止）。

是啊，众人都各有一套求生的本事，
唯独我看起来这么顽固，这么鄙陋。

（我当然知道）我是这样的与众不同，
只愿把这天地万物的生母——大道
看得比一切身外之物更宝贵更重要！

【浅析】

本章老子自述其“愚人之心”，重在尊道贵德，复归其母，取“修身”义。

老子认为，“我独异于人”、“我独顽且鄙”，并进一步将“我”与“俗人”对比，例如，俗人昭昭，我独昏昏；俗人察察，我独闷闷，人之所畏，不可不畏。“尊道贵德”是老子在《道德经》中反复强调的哲学理论，当然要做到“尊道贵德”首先我们还应“保其母，知其子，守其母”，因为只有从事物的根本出发才可能全面地认识事物的内在规律，这也是了解天下万物的基础。

B20 圣人之道

【原文】

信言不美①，美言不信。善者不辩②，辩者不善③。知者不博④，博者不知。圣人不积⑤，既以为人，己愈有⑥；既以与人，己愈多⑦。天之道，利而不害⑧；圣人之道⑨，为而不争。[N81]

【注释】

①信言：真实可信的话，即信实之言。

②善者：言语行为善良的人。

③辩：巧辩、能说会道。

④博：广博、渊博。

⑤圣人不积：这里，老子并非指物质生活的藏与亡，而是主张精神生活（即心灵层面）的“不积”，即不收藏私心贪欲，而是致虚守静，无为无执，任运自然。《庄子·天下》篇评述老子之意说：“人皆取实，己独取虚，无藏故有余。”因此，本句的意思是：有道的人不自私，没有占有的欲望。圣人，有道之人，可引申为大道，因此，由圣人不积，亦可推知“大道不积”。积，积累，收藏。不积，无积累，无收藏。因为有藏必有亡，如“多藏必厚亡”，所以，无藏则无亡。

⑥既以为人，己愈有：已经把自己的一切用来帮助别人，自己（的心灵）反而更加充实。既，《广雅·释诂》：“既，尽也。”为，《广雅·释诂》：“为，施也。”既以为人，即尽以为人。

⑦多：与“少”相对，这里意为“丰富”。本句意思是：尽力把财物赠与别人，则自己的财物反而会越发增加。

⑧利而不害：使万物得到好处而不伤害万物。

⑨圣人之道：圣人的行为准则。

【译文】

信实之言不华美，
华美之言不信实。
良善之人不巧辩，
巧辩之人不良善。

真智者，不自视广博，
自视广博的，非真智者。

圣人（无私无欲，）从不自私——
尽力（用一切）帮助世人，自己反而更有余；
尽力（把一切）施与世人，自己反而更多得。
上天之道，（自然的规律）：施利而不施害；
圣人之道，（人间的法则）：有为而不争夺！

【浅析】

本章老子论“圣人不积”之理，重在利而不害，为而不争，取“修身”义。

老子认为，既以为人，己愈有；既以与人，己愈多。兼论天之道，圣人之道。有学者认为，本章老子所言（如利而不害，为而不争）完全可以作为人类行为的最高准则。“圣人”的伟大，就在于他不断帮助别人，而不私自占有，这就是“圣人不积”、“为而不争”的核心意义。需要指出的是，老子、道家或道教并不是消极地“无为”，而是“有为”，只不过这种“有为”完全是利己、利人、利天下，即有百利而无一害的“有为”，是一种伟大的道德行为。

处　世

【题解】

本篇共辑录《老子》原文十章（编码为 C，由 C01 至 C10），包括“上善若水”、“至柔至坚”、“出生入死”、“善行善言”、“知人者智”、“知者不言”、“正言若反”、“宠辱若惊”、“功成弗居”以及“无为无事”。

主要内容有：上善若水（如“水善利万物而不争，处众人之所恶，故几于道”）、不入死地（如“生之徒，十有三；死之徒，十有三；人之生生，动之死地，亦十有三”）、善行善言（如“圣人常善救人，故无弃人；常善救物，故无弃物，是谓袭明。故善人者，不善人之师；不善人者，善人之资”）、宠辱若惊（如“贵大患若身……贵以身为天下，若可寄天下；爱以身为天下，若可托天下”）、功成弗居（如“处无为之事，行不言之教；万物作而弗始，生而弗有，为而弗恃，功成而弗居。夫唯弗居，是以不去”）、无为无事（如“为无为，事无事，味无味……天下难事，必作于易；天下大事，必作于细”）等。详见下文。

C01　上善若水

【原文】

上善若水[①]。水善利万物而不争，处众人之所恶[②]，故几于道[③]。居善地，心善渊[④]，与善仁[⑤]，言善信，政善治[⑥]，事善能，动善时[⑦]。夫唯不争，故无尤[⑧]。[N08]

【注释】

①上善若水：这里老子以水的形象来说明圣人是道的体现者，因

为圣人的言行好比水，而在天下万物中，水的德行是最接近于大道的。上，上等。

②处众人之所恶（wù 物）：即处于众人所厌恶的或不愿去的地方。

③几于道：即接近于道。几，接近。

④渊：沉静，深沉。

⑤与：指与别人相交、相接。善仁：指有修养之人。

⑥政善治：为政，善于治理国家，从而取得治理的成绩。

⑦动善时：行动，善于把握有利的时机。

⑧尤：怨恨，过失，罪过。

【译文】

上等善行好比水一般，
善利万物而不争，
常处人们厌恶之地，
所以接近于大道。

效法水之德行吧——
居身，乐处卑下；
存心，宁静深沉；
交往，有诚有爱；
言语，平实可信；
为政，成绩斐然；
做事，大有能力；
行动，合乎时宜。

只有不相争，
故能无怨且无过！

【浅析】

本章老子论“上善若水”的道理，重在不害不争，无怨无

尤，取“处世”义。

老子认为，水是世间上等善行的代表，体现在它利万物而不争，处众人之所恶而无尤，奉劝人们都来学习水的品德。纵观《老子》一书，老子目光、思想所触及的自然界事物，以及日常生活中的器物数不胜数，然而，老子最为赞美的要数水。因为，在老子看来，水的德行最接近于道，体现着柔弱、谦卑、不争，而且理想中“圣人”的品格和德行也类似于水。

C02 至柔至坚

【原文】

天下之至柔，驰骋天下之至坚[①]。无有入无间[②]，吾是以知无为之有益。不言之教，无为之益，天下希及之[③]。[N43]

【注释】

①驰骋：奔驰，驱使。形容马奔跑的样子。

②无有入无间：无形的力量能够穿透没有间隙的东西。无有，指不见形象的东西。

③希：一本作“稀”，稀少。及：至，达到。

【译文】

天下最柔弱的东西（如水），
能够驱使天下最坚硬的东西。

无形的力量能够穿透无间隙的东西，
我由此感悟到无为的好处。

不言的教导，无为的益处，
天下很少有人能够做到啊！

【浅析】

本章老子论“至柔至坚”之理，重在至柔胜至坚，无有入无间，取“处世”义。

老子认为，天下至柔之物，胜过天下至坚之物，体现了“柔弱胜刚强”的道理，感叹世人不能践行“不言之教，无为之益”。这里，老子所强调的是，最柔弱的东西蕴藏着无形的、巨大的能量，即使最坚强的东西也无法抵挡。

C03 出生入死

【原文】

出生入死①。生之徒，十有三②；死之徒③，十有三；人之生生，动之死地，亦十有三。④夫何故？以其生生之厚⑤。盖闻善摄生者⑥，陆行不遇兕虎⑦，入军不被甲兵⑧。兕无所投其角，虎无所用其爪，兵无所容其刃。夫何故？以其无死地⑨。［N50］

【注释】

①出生入死：一说，出世为生，入地为死；一说，离开了生存必然走向死亡。

②生之徒：即长寿之人。徒，类。十有三：十分之三。

③死之徒：属于夭折、早亡的一类。

④人之生生，动之死地，亦十有三：（部分）人的养生违背自然规律，反而（令自己）迅速走向死亡，（这种情况）亦占十分之三。王弼本作“人之生，动之死地”，《韩非子·解老》与帛书本皆作“民之生生”，补一“生”字，意思才完备，且与下文“生生之厚”相互呼应。第一个“生”，动词，指人摄生、养生；第二个“生”，名词，指生命。动之死地，趋向死亡，指人过早地衰亡。之，往也。

⑤生生之厚：由于求生的欲望太强，过度养生，导致奉养过

厚了。
⑥摄生：指养生之道，即保养自己。
⑦兕（sì 四）：属于犀牛类的动物。这里泛指野兽。
⑧入军不被甲兵：战争中不被杀伤。
⑨无死地：没有进入死亡范围，即没有致死的条件。

【译文】

（人）一出生的时候，就已开始进入死亡（倒计时）。
（试看，人生若以百年为限，）
长寿之人，约占十分之三；
夭亡之人，约占十分之三。
（这是生死两端，自然规律，谁也无法逃避或抗拒。）

（此外，即便处于人生成长发展的中期，如果——）
本来可以长生，却意外走向死亡，
这种情况（违背自然规律）也占（人生中期）十分之三。

（人们不禁要问，）是什么缘故导致快速灭亡的呢？
这是因为养生太过丰厚奢侈（反而糟蹋缩短了生命）。

（相反，）
听说真正善于养护生命的人，
在陆地上行走不会遇到野兽，
在战争中不会被杀伤。

在他面前——
犀牛不知它的牛角该往何处顶；
猛虎不知它的利爪该往何处抓；
敌兵不知他的刀剑该往何处砍。

（人们不禁要问，）是什么缘故导致他不受伤害呢？
因为他从来不会把生命置于死亡的境地——无死地，
（也不会主动去诱发导致死亡的危险因素——无死因！）

【浅析】

本章老子论“出生入死”的道理，重在养生以道，视死如归，取“处世”义。

老子认为，生之徒，十有三，死之徒，十有三。人之生生，动之死地，亦十有三，同时指出了“生生之厚”的问题。这里，老子主要是从养护生命的角度劝导世人应当正确看待生死，善于避害避险，并以清静无为的态度顺应自然规律，保全和守护生命，而不是依靠争夺或过度厚养生命来保全，否则，就会令自己步入衰败、死亡的境地。

C04　善行善言

【原文】

善行无辙迹①；善言无瑕谪②；善数不用筹策③；善闭无关楗而不可开④；善结无绳约而不可解⑤。是以圣人常善救人，故无弃人；常善救物，故无弃物，是谓袭明⑥。故善人者，不善人之师；不善人者，善人之资⑦。不贵其师，不爱其资，虽智大迷，是谓要妙⑧。［N27］

【注释】

①辙迹：轨迹，行车时车轮在地面上留下的痕迹。
②善言：指善于采用不言之教。瑕谪：过失、缺点、疵病。
③数：计算。筹策：古时人们用作计算的器具。
④楗（jiàn 建）：即门闩，是木制的。关：关闭。关楗：关门。
⑤绳约：绳索。约，指用绳捆物。

⑥袭明：内藏而非显露在外的智慧聪明。袭，覆盖之意。
⑦资：取资、借鉴的意思。
⑧要妙：精要玄妙，深远奥秘。

【译文】

善于行车的人，不会让车子留下车痕；
善于言谈的人，不会让言语带有瑕疵；
善于计算的人，不用借助筹码来运算。

善于关门的人，不用门闩，便不可开；
善于捆绑的人，不用绳索，便不可解。

所以，
圣人总是善于挽救人，因而不放弃任何人；
（无论有用、无用，）
圣人总是善于挽救物，而不抛弃任何事物。
（尊重人性，顺应天性，）
这便是内藏而非显露的智慧！

所以，
良善之人，好比不善之人的老师；
不善之人，便是良善之人的借鉴对象。
（作为学生）如果不尊重他的老师，
（作为老师）如果不看重其借鉴之处，
（那么）虽然自以为明智，但也是最大迷惑，
（明白这个道理）可谓至关重要啊！

【浅析】

本章老子论“袭明”、“要妙”之理，重在救人救物，善行善言，取“处世”义。

老子认为，圣人常善救人，故无弃人；常善救物，故无弃物；善人者，不善人之师；不善人者，善人之资。这里，老子旨在建议人们恪守“无为而治”的原则，说明有道者任运自然以待人接物，表达了有道者“人无弃人”、“物无弃物”的伟大的道德情怀，是一种大爱的表现。

C05　知人者智

【原文】

知人者智，自知者明。胜人者有力，自胜者强①。知足者富。强行者有志②。不失其所者久，死而不亡者寿③。[N33]

【注释】

①强：强大，刚强。引申为真正的强大不是战胜别人，而是战胜自己。

②强行：锲而不舍，坚持不懈。

③死而不亡：肉身虽死，道德永存。

【译文】

能看透别人，算是睿智；
能看透自己，才叫高明。
能战胜别人，算有力量；
能战胜自己，才叫强大。

知道满足，才是真富有；
持之以恒，才是有志气；
不失根本，才能得长久；
肉身虽死，而道德永存！
这样的人，才叫做长寿！

【浅析】

本章老子论“知人（先知己）”、“胜人（先胜己）”之道，重在知足常乐，不失其所，取“处世”义。

老子认为，知人者智，自知者明；胜人者有力，自胜者强。现实生活中，一个人对外如果能够做到“知人”、“胜人”，诚然可贵，但对内做到“自知”、“自胜”更为可贵。因为，很多时候最大的障碍并非来自外部，而是来自我们内心，最大的敌人不是别人，而是我们自己。

C06　知者不言

【原文】

知者不言，言者不知①。塞其兑，闭其门②；挫其锐，解其纷；和其光，同其尘③；是谓玄同④。故不可得而亲，不可得而疏；不可得而利，不可得而害；不可得而贵，不可得而贱⑤。故为天下贵。［N56］

【注释】

①知者不言，言者不知：一说，知道的人不好说，好说的人不知道；一说，得“道”的人一切顺乎自然，而不强行发号施令，强行发号施令的人却没有得“道”。

②塞其兑，闭其门：塞住欲望的孔窍，关闭起欲望的门径。

③挫其锐，解其纷；和其光，同其尘：挫平尖锐，解脱纷争；和融光辉，混同尘世。

④玄同：玄妙的同一，这里是指“道”。

⑤不可得……而贱：这里指“玄同”境界已经超越亲疏、利害、贵贱等世俗的概念。

【译文】

真知晓“道”的人，不善言说；
好言说“道”的人，不真知晓。

塞住嗜欲的感觉器官，
关闭受惑的欲望之门，
挫平自以为是的锐气，
解脱世间人事的纷争，
和合于大道寂静之光，
同归于大道无为之尘，
这就是玄妙同一境界。

（因难以达到这个境界，所以）
玄同的境界已经超越亲疏、利害、贵贱等世俗的概念。

因此，（玄同）才被天下看重！

【浅析】

本章老子论“玄同”的境界，重在知者不言，言者不知，取“处世”义。

老子认为，应当从塞兑闭门、挫锐解纷、和光同尘等方面入手，超脱亲疏、利害、贵贱等世俗概念的束缚。这里，玄同可以看为人格形态的最高境界，挫锐解纷，和光同尘是达到“玄同”境界的必要手段。有学者认为，老子哲学和庄子哲学的最大区别，在于老子哲学几乎不谈境界，而庄子哲学则着力于弘扬其独特的人生境界。如果老子哲学有所谓“境界”的话，勉强可以说“玄同”的观念较为近似。

C07 正言若反

【原文】

天下莫柔弱于水，而攻坚强者莫之能胜，其无以易之①。弱之胜强，柔之胜刚，天下莫不知，莫能行。是以圣人云：“受国之垢②，是谓社稷主；受国不祥③，是谓天下王。”正言若反④。［N78］

【注释】

①易：替代、取代。意为没有什么能够代替它。
②垢：屈辱、耻辱。意为承担全国的屈辱。
③不祥：灾难，祸害。意为承担全国的祸难。
④正言若反：正面的话听起来好像反话一样。

【译文】

天下万物中，没有比水更柔弱的了，
然而要攻坚克强却没有能胜过水的，
没有什么能代替它。
弱能胜强，柔能胜刚，（这个道理，）
天下人没有不知道的，（可惜的是，）
却没有人能够践行（这个道理）。

所以圣人说：
为国受尽屈辱的（人），堪称社稷主；
为国受尽磨难的（人），堪称天下王。

这些正面肯定的话，听起来却好像反话一般！

【浅析】

本章老子感叹世人不能践行“弱胜强，柔胜刚”的道理，重在正言若反，知易行难，取“处世”义。

老子认为，天下莫柔弱于水，而攻坚强者莫之能胜。这里老子再次以“弱水”为例，彰显了柔弱胜刚强的道理，奉劝世人应当“持柔”而不应当“逞强”。

C08　宠辱若惊

【原文】

宠辱若惊[1]，贵大患若身[2]。何谓宠辱若惊？宠为下[3]，得之若惊，失之若惊，是谓宠辱若惊。何谓贵大患若身？吾所以有大患者，为吾有身，及吾无身，吾有何患[4]？故贵以身为天下，若可寄天下；爱以身为天下，若可托天下。[N13]

【注释】

①宠辱：宠幸，侮辱。

②贵：珍贵，重视。患：忧患，祸患。心头上牵挂积压着一串串身外之物，这就是“患”！

③宠为下：受到宠幸是下等的。

④及吾无身，吾有何患：意为如果我没有身体（需要保全），我有什么大患可言呢？

【译文】

得宠和受辱一样，都会让人内心惊恐，
世人最大的祸患是过分看重肉身性命。

为什么得宠和受辱会让人内心惊慌？
凡事有得必有失，凡事有宠必有辱，

因为得宠而拥有，必因失宠而受辱，
得宠若惊失亦惊，这就叫宠辱若惊。

为何说最大的祸患是看重肉身性命呢？
我之所以有大患，是因有肉身需保全，
若无肉身要保全，我又怎会有大患？

所以，
能把天下视为身家性命而宝贵的人，堪为天下的凭寄；
能把天下视为身家性命而珍爱的人，堪为天下的信托。

【浅析】

本章老子论“宠辱若惊”、“大患若身”的道理，重在无私忘我，舍己为人，取“处世”义。

老子认为，宠为下，得之若惊，失之若惊。这里老子奉劝世人，正确看待宠辱，并从胸怀天下的角度贵身爱身。这里，老子所强调的“贵身”思想，表面上是在告诉人们宠辱对人身的危害，实质上是在讲人的尊严问题。在老子看来，一个理想的人或统治者，应当首先懂得“贵身”，而不肆意妄为，只有珍重自身生命的人，才能珍重他人乃至天下人的生命，才可以把治理天下的重责大任托付给这个人。

C09　功成弗居

【原文】

天下皆知美之为美，斯恶已[1]；皆知善之为善，斯不善已。有无相生[2]，难易相成，长短相形[3]，高下相盈[4]，音声相和[5]，前后相随，恒也。是以圣人处无为之事[6]，行不言之教；万物作而弗始[7]，生而弗有，为而弗恃[8]，功成而弗居。夫唯弗居，是

以不去。[N02]

【注释】

①斯：这。恶已：恶、丑。已，通“矣”。

②相：互相。

③形：比较、对照，相互显现。

④盈：充实、补充、依存。

⑤音声相和：音与声相互和谐。音，组合音。声，始发声。和，和谐。

⑥圣人：古时人所推崇的最高层次的典范人物，也指老子理想中具有道行的统治者。处：担当、担任。无为：顺应自然，不加干涉，不必管束，任凭人们去干事。

⑦作：兴起、发生、创造。

⑧弗恃：弗，不。恃，倚赖，凭借。

【译文】

天下人都知道把（公认的）“美”当作美，
这是因为丑的存在。
天下人都知道把（公认的）“善”当作善，
这是因为恶的存在。

有和无相互对立而依存；
难和易相互对立而形成；
长和短相互对照而显现；
高和下相互补充而依存；
音和声相互依存而和谐；
前与后相互对立而追随；
（对立统一、相辅相成的现象）永恒存在。

所以，对于圣人来说——

把“无为”当作“有为”来处理世事，
把“不言”当作“有言”来教化世人。

他让万物劳动运作，却从不发号施令；
他使万物生生不息，却从不据为己有；
他助万物大有作为，却从不自我夸耀；
他成功协助了天下万物，却从不居功，
正因为不居功，他的功绩才无法抹去。

【浅析】

本章老子论“功成弗居”的道理，重在处无为之事，行不言之教，取“处世”义。

老子认为，万物作焉而不辞，生而不有，为而不恃。这里，老子劝导世人，应当反思“美其所美，善其所善”的不足之处，进而明白事物对立统一，相互转化的规律。在这一章里，集中体现了老子朴素的辩证法思想。他通过对日常社会现象与自然现象的观察和思考，发现了世间万事万物都存在相互依存、相互联系、相互作用的关系，从而确立了对立统一的永恒的、普遍的规律和法则。

C10　无为无事

【原文】

为无为，事无事，味无味①。大小多少②，报怨以德③。图难于其易，为大于其细。天下难事，必作于易；天下大事，必作于细。是以圣人终不为大④，故能成其大。夫轻诺必寡信，多易必多难，是以圣人犹难之，故终无难矣。[N63]

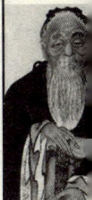

【注释】

①为无为，事无事，味无味：把无为当作为，把无事当作事，把无味当作味。

②大小多少：一说，大生于小，多起于少；一说，大的看作小，小的看作大，多的看作少，少的看作多。

③报怨以德：一说，此句应当移至七十九章“必有余怨”句后，这里仍予保留。意思是以我之德来回报他人之怨。

④不为大：有道的人不自以为大。

【译文】

把清静“无为”当作（一种）“为”，
把平安“无事”当作（一件）“事”，
把恬淡“无味”当作（一种）“味”。

大生于小，（君子应当）以小为大；
多起于少，（君子应当）以少为多；
怨化于德，（君子应当）以德报怨。

图谋一件难事，应从容易处入手；
成就一件大事，应从细微处入手。

天下的难事，必定从容易时做起；
天下的大事，必定从细微处做起。

所以，
圣人（有道之人）始终不自以为大，
因此才能成就（圣人）伟大的事业。

轻易许下承诺的人，必定缺少信用；
预想事情多容易，届时就多困难。

所以，
圣人知难，总会把事情看得艰难；
因为知难，所以最终就没有艰难。

【浅析】

本章老子论如何对待天下大事、天下难事，重在为于无为，事于无事，取“处世”义。

老子认为，天下难事必作于易，天下大事必作于细，轻诺则寡信，多易则多难。这里，老子提出“圣人犹难之”（即圣人知难）的观点，与儒家“仁者知难”的观点相类似，意在奉劝世人应当谨言慎行，慎重处事。

下编

治 国

【题解】

本篇共辑录《老子》原文二十章（编码为D，由D01至D20），包括“以正治国”、“其政其民”、“国之利器”、“绝圣弃智”、“天下神器”、“无为无执”、“天地之间”、“至誉无誉”、“善为道者”、“为道日损”、“大国小鲜”、“大者宜下”、“善下不争”、“天网恢恢”、“天道无亲”、“圣人之心”、“圣人之治”、“小国寡民”、“太上不知”以及“希言自然”。

主要内容涉及：治国之道（如“以正治国，以奇用兵，以无事取天下”、“其政闷闷，其民淳淳；其政察察，其民缺缺”）、善为道（即治国）者（如“非以明民，将以愚之……以智治国，国之贼；不以智治国，国之福”）、大国与小国（如“治大国，若烹小鲜”、“大国者下流……大国以下小国，则取小国；小国以下大国，则取大国”、“小国寡民……邻国相望，鸡犬之声相闻，民至老死，不相往来”）、善下不争之道（如“江海之所以能为百谷王者，以其善下之，故能为百谷王”）、圣人之治（如“不尚贤，使民不争；不贵难得之货，使民不为盗；不见可欲，使民心不乱……虚其心，实其腹，弱其志，强其骨。常使民无知无欲，使夫智者不敢为也。为无为，则无不治。”）等。详见下文。

D01 以正治国

【原文】

以正治国[1]，以奇用兵[2]，以无事取天下[3]。吾何以知其然哉？以此[4]：天下多忌讳[5]，而民弥贫；人多利器[6]，国家滋昏；人多伎巧[7]，奇物滋起[8]；法令滋彰，盗贼多有。故圣人云：“我

无为，而民自化[9]；我好静，而民自正；我无事，而民自富；我无欲，而民自朴。”［N57］

【注释】

①正：这里指无为、清静之道。
②奇：奇巧、诡秘。
③取天下：治理天下。
④以此：即以下面这段话为根据。此，指下面一段文字。
⑤忌讳：禁忌、避讳。
⑥人：一本作“民”，一本作“朝”。利器：锐利的武器。
⑦人多伎（jì 技）巧：此句意为人们的技巧很多。伎巧，指技巧，智巧。
⑧奇物：邪事、奇事。
⑨我无为，而民自化：我无为而人民就自然顺化了。自化，自我化育。

【译文】

当以无为清静之道治理国家，
当以出奇制胜之术用兵打仗，
当以无为无事之道夺取天下。
我如何知道这一层道理呢？试看——
天下越多礼法禁忌，百姓就越是贫穷；
人民越多奇怪理念，国家就越是混乱；
人民越多智能技巧，邪事就越是滋生；
法令越是多而周密，盗贼就越是多有。

所以，圣人说——
我清静无为，民心反而自我化育；
我致虚守静，民心反而自在正直；
我不生是非，民众反而自给自富；

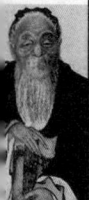

我无知无欲，民风反而自然淳朴。

【浅析】

本章老子论“以无事取天下”的道理，重在以正治国，以奇用兵，取“治国”义。

老子认为，“我无为，而民自化；我好静，而民自正；我无事，而民自富；我无欲，而民自朴”。这里，老子奉劝统治者应从无为、无事的角度，反思如何治理国家，而不应施行过多的政令干预。

D02 其政其民

【原文】

其政闷闷①，其民淳淳②；其政察察③，其民缺缺④。祸兮福之所倚，福兮祸之所伏，孰知其极？其无正也⑤？正复为奇⑥，善复为妖。人之迷⑦，其日固久⑦。是以圣人方而不割⑧，廉而不刿⑨，直而不肆⑩，光而不耀⑪。[N58]

【注释】

①闷闷：昏昏昧昧的状态，有宽厚的意思。
②淳淳：一本作“沌沌”，淳朴厚道的意思。
③察察：严厉、苛刻。
④缺缺：狡黠、抱怨、不满足之意。
⑤其无正也：意为它们并没有确定的标准。正，标准、确定。其，指福、祸变换。
⑥正复为奇，善复为妖：原本为正的变为邪的，原本为善的变成恶的。正，方正、端正。奇，反常、邪。善，善良。妖，邪恶。
⑦人之迷，其日固久：人的迷惑于祸、福之门，而不知其循环相生之理者，其为时日必已久矣。（这里引学者严灵峰释语）
⑧方而不割：方正而不割伤人。

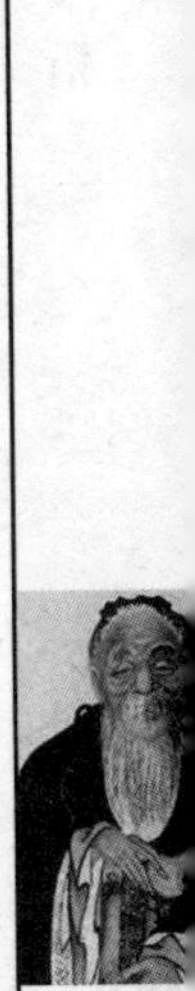

⑨廉而不刿（guì 贵）：此句意为有棱角但不至于把人划伤。廉，侧边。刿，刺伤、划伤。
⑩直而不肆：直率而不放肆。
⑪光而不耀：光亮而不刺眼。

【译文】

（如果）一国的政治宽容敦厚，
这个国家的人民便纯朴知足。
（如果）一国的政治严厉苛刻，
这个国家的人民便狡黠抱怨。

福分就依附在祸患旁边；
祸患就隐伏在福分其中。
谁能确定祸福之间的界限呢？
大概没有一个绝对的标准吧！
本来为正的，忽然转变为邪，
本来为善的，忽然转变为恶。
人们迷信于求福避祸难自拔，
这种执迷不悟的时日很久了。
所以，圣人为人处事——
规矩方正，而不会割伤别人；
棱角锐利，而不会伤害别人；
性情率直，而不会妨害别人；
精神明澈，而不会太过刺眼。

【浅析】

本章老子论“其政其民”（不同的治国境界和效果），重在方而不割，光而不耀，取“治国”义。

老子认为，一国的政治闷闷（质朴含蓄），则该国的民风淳淳（敦厚知足）；如果一国的政治察察（明察秋毫），则该国的

民风缺缺（刻薄狡黠），并阐述了福祸相互依存、相互转化的道理。

D03　国之利器

【原文】

将欲歙之[1]，必固张之[2]；将欲弱之，必固强之；将欲废之，必固兴之；将欲取之[3]，必固与之[4]，是谓微明[5]。柔弱胜刚强。鱼不可脱于渊[6]，国之利器不可以示人[7]。［N36］

【注释】

①歙：敛，合。

②固：暂且。

③取：一本作“夺”。

④与：给，同“予”字。

⑤微明：微妙的先兆，隐微却显明的意思。

⑥脱：离开、脱离。此句意为，鱼不能离开深渊。

⑦利器，锐利的武器，指赏罚、权谋，引申为国家的刑法等政教制度。示人：给人看，向人展示或炫耀。

【译文】

将要收敛的，必先暂且张弛一下；
将要削弱的，必先暂且加强一下；
将要废弃的，必先暂且兴起一阵；
将要夺取的，必先暂且让与一点；
这就是所谓的微妙的先兆，
（长远来看）柔弱总是胜过刚强。
鱼儿若要生存不可以脱离深渊，
国之利器不可以拿来炫耀于人。

【浅析】

本章老子论“微明”之理，重在国之利器，不可示人，取“治国”义。

老子认为，柔弱胜刚强，将歙固张，将弱固强，将废固兴，将夺固与。这里，本章再次体现了老子对客观事物独到而精微的洞察力，阐明了强弱、兴废相互转化的辩证关系。同时，老子强调国家不可随便拿严令苛政，军队武力来恐吓人民，如此则会失去民心，甚至导致国家政权崩溃。

D04　绝圣弃智

【原文】

绝圣弃智①，民利百倍；绝仁弃义，民复孝慈；绝巧弃利，盗贼无有。此三者以为文②，不足。故令有所属：见素抱朴③，少私寡欲，绝学无忧④。[N19]

【注释】

①绝圣弃智：抛弃聪明智巧。这里“圣”不作“圣人”解，即最高的修养境界解，而是自作聪明之意。

②此三者：指圣智、仁义、巧利。文：条文、法则。属：归属、适从。

③见素抱朴：意思是保持原有的自然本色，即合乎自然法则。素，没有染色的生丝。朴，没有雕琢的原木。素、朴是同义词。

④绝学无忧：指弃绝仁义圣智之学，意思是杜绝学问没有忧患。有学者认为，这里的“学”，指儒家所提倡的仁义礼智之学。

【译文】

执弃聪明智巧，

人民才有百倍之利；
绝断这虚伪的仁说，
弃除那所谓的义理，
人民才复归于孝慈；
绝断这骗人的巧诈，
弃除那诱人的利益，
人民才无盗贼之患。

然而，就算把这三者
（圣智、仁义、巧利），
作为法则仍然不足够。
应当让人心有所归属：
保持自然本色，少私寡欲，
杜绝圣智仁义的学说，
让心灵重返无忧！

【浅析】

本章老子论“绝圣”、“绝仁”、“绝巧”的道理，重在见素抱朴，少私寡欲，取“治国”义。

老子认为，只有做到“弃智”、“弃义”、“弃利”，这样才是民利百倍、民复孝慈、盗贼无有的正道。这里，“见素抱朴，少私寡欲，绝学无忧”可以看作老子的三大治国方案，也是道家倡导以“无为”取代“有为”的具体措施。

有学者认为：“孔子重‘文’，老子重‘质’，这是两种对立的思想。老子视‘文’为巧饰，违反了人性的自然。巧饰流行，更形成种种有形无形的制约，拘束着人性的自然。老子在本章中所流露的愤世之言，乃是针对虚饰的文明所造成的严重灾害而发的。”（陈鼓应，《老子注译及评介》第139页）

D05　天下神器

【原文】

将欲取天下而为之①，吾见其不得已②。天下神器，不可为也，不可执也③。为者败之，执者失之④。夫物或行或随⑤，或觑或吹⑥，或强或羸⑦，或载或隳⑧。是以圣人去甚，去奢，去泰⑨。［N29］

【注释】

①取：为、治理。为：指有为，靠强力去做。

②不得已：达不到、得不到。

③天下神器：天下，指天下人。神器，神圣的物。

④执：掌握、执掌。

⑤夫：一本作“故”。物：指人，也指一切事物。随：跟随、顺从。

⑥觑（qù 去）：轻声和缓地吐气。吹：急吐气。

⑦羸（léi 雷）：羸弱、虚弱。

⑧载：安稳。隳（huī 灰）：毁坏。

⑨泰：极、太。

【译文】

有人妄想靠强力去治理天下，
我看他永远也不会达到目的。

（要知道，）天下人民是神圣的，
不可任由世人恣意治理，
不可任由世人操纵把持。
（所谓人定胜天，肆意妄为，）为者必败；

（所谓长生不老，迷信固执，）执者必失。

世间万物就是这样——
有抢先前行的，就有追随不舍的；
有哈出暖气的，就有吹来冷风的；
有促其强壮的，就有令其衰弱的；
有培植承载的，就有破坏颠覆的。

所以，圣人（主张清静无为，顺应自然）：
摒弃一切极端（的做法）——去甚；
摒弃一切奢靡（的生活）——去奢；
摒弃一切过分（的想法）——去泰！

【浅析】

本章老子论“天下神器”，重在去甚去奢，去泰去骄，取“治国”义。

老子认为，将欲取天下而（通过强力）为之的做法不可取，并断言“为者必败，执者必失”。纵观历史之兴衰更迭，无数的历史事实不断重复印证着老子的这个断言，令人深思。

D06　无为无执

【原文】

其安易持，其未兆易谋。其脆易泮①，其微易散。为之于未有，治之于未乱。合抱之木，生于毫末②；九层之台，起于累土③；千里之行，始于足下。为者败之，执者失之④。是以圣人无为故无败，无执故无失⑤。民之从事，常于几成而败之，慎终如始，则无败事。是以圣人欲不欲，不贵难得之货；学不学⑥，复众人之所过。以辅万物之自然而不敢为⑦。［N64］

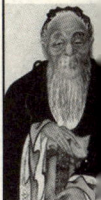

【注释】

①泮（pàn 畔）：通“判”，分解、分裂的意思。这里指物品脆弱就容易散掉、消解。

②毫末：细小的萌芽。

③累土：堆土。

④为者败之，执者失之：一说，是二十九章错简于此。

⑤是以圣人无为故无败，无执故无失：一说，此句为二十九章错简于此。

⑥学不学：即学众人之所不学。意思是说，圣人所学为大道之学，目的在于返璞归真；众人所学为名利之学，目的在于升官发财。

⑦而不敢为：一说，此句疑为错简。

【译文】

物体安然平稳，便容易把持；
事物未现端倪，便容易图谋。
那脆弱不支的，就容易瓦解；
那纤细微小的，就容易消散。

要趁事情未发生时努力防范，
要趁世道未混乱时治理疏导。

合抱的树木，是从细如毫末时长起来的；
九层的高台，是一筐又一筐土筑起来的；
千里的行程，是一步又一步才走出来的。

人为强力推行的，必然失败；
人为刻意执守的，必然丧失。

所以，对于圣人来说——
不用强力去作为，就没有失败可言；
不用刻意去执守，就没有丧失可言。

人们行事，往往在接近成功的时候又失败了（功败垂成）。
如果能到了最后一刻还像刚开始时一样谨慎（慎终如始），
（我想）就不会发生（功亏一篑）失败的事了。

所以，圣人“欲不欲”——
（追求世人所不去追求的大道，）
而不以世人难得之财货为宝贵。

圣人“学不学”——
（学习世人所不愿学习的——大道之学，）
（不学世人所热衷学习的——名利之学，）
从而避免、挽回了众人所学中的过失。

（圣人用心良苦，）这完全是为了顺应自然，
而不敢违背（大道）的自然规律妄为。

【浅析】

本章老子论成败、得失之道，重在慎终如始，则无败事，取“治国”义。

老子认为，圣人无为，故无败；圣人无执，故无失。这里老子以“合抱之木”、“九层之台”为例，阐述“生于毫末”、“起于累土”之理。现实生活中，凡事皆是从小成大，由近及远，基础与细节工作十分重要，不能有丝毫马虎、懈怠。

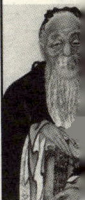

D07 天地之间

【原文】

天地不仁，以万物为刍狗①；圣人不仁，以百姓为刍狗。天地之间，其犹橐龠乎②？虚而不屈③，动而愈出④。多言数穷⑤，不如守中⑥。［N05］

【注释】

①刍（chú 除）狗：用草扎成的狗。古代专用于祭祀之中，祭祀完毕，就把它扔掉或烧掉。这里比喻轻贱无用的东西，指天地（圣人）没有偏爱。

②犹橐（tuó 陀）龠（yuè 月）：犹，如同，好像。橐龠，古代冶炼时为炉火鼓风用的助燃器具——袋囊和送风管，是古代的风箱。

③屈（jué 决）：竭尽，穷尽。

④俞：通“愈”，愈发，更加。

⑤多言数穷：一说，是就鼓风的速度和风箱的效果而言的，速度太快反而起不到预期的效果；一说，老子认为，见多识广，有了智慧，反而政令烦苛，破坏了天道。数，通“速”，是加快的意思。穷，困穷，穷尽到头，无路可行。

⑥中：通“冲”，指内心的虚静。守中：守住虚静。

【译文】

天地无所谓仁或不仁，
只把万物当作稻草狗，
(任凭着万物自生自灭！)

圣人无所谓仁或不仁，

也把百姓当作稻草狗，
（任凭着百姓生老病死！）

天地之间不正像个大风箱吗？
看似空虚却无穷无尽，
越是运动就越多出风。
名言有限而道义无穷，
（依我看）不如守住虚静！

【浅析】

本章老子论“天地不仁”、“圣人不仁”的道理，重在多言数穷，不如守中，取“治国”义。

老子认为，不能单纯地用“仁”或“不仁”来看待天地，这些都是人类从自身损益的角度来评判天地，这样的看法无疑是狭隘的、片面的、一厢情愿的，是人类的私心在作怪，而且丝毫不会影响天地（或大道）的运行。老子还指出，天地之间好比是一个巨大的风箱，虚而不屈，动而愈出，奉劝人们和统治者效法天地。

D08　至誉无誉

【原文】

昔之得一者[1]：天得一以清，地得一以宁，神得一以灵[2]，谷得一以盈，万物得一以生，侯王得一以为天下正[3]。其致之也[4]，谓天无以清[5]，将恐裂；地无以宁，将恐废[6]；神无以灵，将恐歇[7]；谷无以盈，将恐竭[8]；万物无以生，将恐灭；侯王无以正[9]，将恐蹶[10]。故贵以贱为本，高以下为基。是以侯王自称孤、寡、不谷[11]。此非以贱为本邪？非乎？故至誉无誉[12]。是故不欲琭琭如玉[13]，珞珞如石[14]。［N39］

【注释】

①得一：即得道。

②神得一以灵：神或指人。灵，灵性或灵妙。

③正：一本作“贞”。意为首领。

④其致之也：推而言之。

⑤谓：假如说。帛书作“胃”。天无以清：天离开道，就得不到清明。

⑥废：荒废。

⑦歇：消失、绝灭、停止。

⑧竭：干涸、枯竭。

⑨正：一本作“高贵”；一本作“贞”。

⑩蹶（jué 决）：跌倒、失败、挫折。

⑪自称：一本作“自谓”。孤、寡、不谷：古代帝王自称为“孤”、“寡人”、“不榖（谷）”，不榖（谷）即不善的意思。

⑫至誉无誉：最高的荣誉是无须称誉赞美的。

⑬琭琭（lù 路）：形容玉美。

⑭珞珞（luò 洛）：形容石坚。

【译文】

自古以来得道者：

天得一就清明，地得一就安宁；

神得一就灵验，谷得一就充盈；

万物得一，就能不断生长繁衍；

侯王得一，就能为天下的首领。

推而言之，（如果不能得“一”：）

天将不再清明，恐怕要裂开；

地将不再安宁，恐怕要塌陷；

神将不再灵验，恐怕要休止；

河谷将不再充盈，恐怕要枯竭；
万物将不再生长，恐怕要灭绝；
侯王不再高贵，恐怕要颠覆。

可见，贵以“贱”为根本，高以“下”为基础。
所以，侯王们都喜欢自称为孤家、寡人、不穀（谷）。
这不正是以“贱”作为立身之本吗？不是吗？
所以，
至高无上的荣誉是无须用语言来称誉赞颂的，
不求晶莹剔透如美玉，但愿平实坚定如顽石。

【浅析】

本章老子论“得一”的重要性，重在得一为正，至誉无誉，取“治国”义。

老子认为，天得一以清，地得一以宁，神得一以灵，谷得一以盈，万物得一以生。老子五千言，多次提到“得一”、“抱一”的重要性，暗含着“一即是道，道即是一”的哲理。

D09　善为道者

【原文】

古之善为道者，非以明民①，将以愚之②。民之难治，以其智多③。故以智治国，国之贼④；不以智治国，国之福。知此两者⑤，亦稽式⑥。常知稽式，是谓玄德。玄德深矣，远矣，与物反矣⑦，然后乃至大顺⑧。［N65］

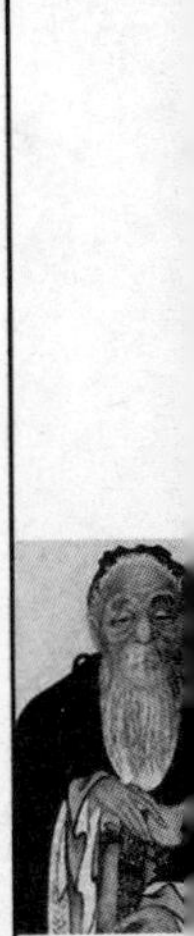

【注释】

①明民：意为让人民知晓巧诈。明，知晓巧诈。
②将以愚之：此句意为使老百姓无巧诈之心，敦厚朴实、善良忠

厚。愚，敦厚、朴实，没有巧诈之心。不是愚弄、蒙昧。

③智多：智，巧诈、奸诈，而非智慧、知识。

④贼：伤害的意思。

⑤两者：指上文“以智治国，国之贼；不以智治国，国之福”。

⑥稽（jī 机）式：法式、法则，一本作“楷式”。

⑦与物反矣：此句意为“德”和事物复归于真朴。反，通“返”。

⑧大顺：顺应自然。

【译文】

古时候善于修道的人啊，
不是使世人越来越精明，
而是使世人越来越纯朴。

老百姓之所以难于管理，
是因为他们的智巧太多。

所以说，
若以巧智治国，无异于伤害国家；
不以巧智治国，这才是国家之福。

知道这两者的差异就算是懂得法则。
经常认知这个法则，就叫做玄德。
玄德又深又远，与万物返璞归真，
然后才可能达到顺应自然的境界！

【浅析】

本章老子论“玄德深远”之理，重在常知稽式，至于大顺，取“治国”义。

老子认为，古代善为道的人，不是教导人民知晓智巧伪诈，

而是教导人民淳厚朴实。正如陈鼓应先生所言："老子认为政治的好坏，常系于统治者的处心和做法。统治者若是真诚朴质，才能导出良好的政风，有良好的政风，社会才能趋于安宁；如果统治者机巧黠猾，就会产生败坏的政风。政风败坏，人们就互相伪诈，彼此贼害，而社会将无宁日了。"（《老子注译及评介》第315页）需要指出的是，老子所说的"愚"，是指质朴敦厚的民风，不应误解为老子主张"愚民政策"。本章老子主要讲治国为政的原则，并明确指出"以智治国"就是"国之贼"，"不以智治国"就是"国之福"，再次印证了老子"绝圣弃智"等类似的观点。

D10　为道日损

【原文】

为学日益[①]，为道日损[②]。损之又损，以至于无为。无为而无不为。取天下常以无事[③]，及其有事[④]，不足以取天下。[N48]

【注释】

①为学日益：为学，指人们努力探求外在事物的知识。日益，一天天增加（多多益善）。

②为道日损：为道，指人们通过冥想或体验来感悟自然之"道"或无为之"道"。日损，一天天减损（返朴归真）。

③取：为，治理。无事，即无为，无所事事，无妄为之事。

④有事：即有为，有所事事，诸如严刑峻法之类的苛刻政令。

【译文】

为学每天有增益，

为道每天有减损。

减损而又再减损，
达到无为的境界。

无为而又无不为，
当以无为治天下，
若以有为治天下，
天下难以治理好！

【浅析】

本章老子论“为学”、“为道”之法，重在为学日益，为道日损，取“治国”义。

老子认为，追求知识、学问所看重的是日有增益（即“加法”），增加正面、积极、有益人们修道的正能量；而追求大道、真理所看重的是日有减损（即“减法”），减少负面、消极、有害的负能量。这类似于佛家所言的“时时勤拂拭，莫使惹尘埃”。同时，老子认为取天下常以无事，及其有事，不足以取天下，再次强调了“无为”的意义。

D11　大国小鲜

【原文】

治大国，若烹小鲜①。以道莅天下②，其鬼不神③。非其鬼不神④，其神不伤人；非其神不伤人，圣人亦不伤人。夫两不相伤⑤，故德交归焉⑥。［N60］

【注释】

①小鲜：小鱼。
②莅（lì 立）：临。
③其鬼不神：鬼不起作用。

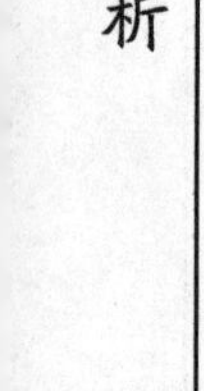

④非：不唯、不仅。
⑤两不相伤：鬼神和圣人都不伤害人。
⑥故德交归焉：功德恩泽都归向百姓，意思是让人民享受德的恩泽。

【译文】

治理大国，
就像厨师烹饪小鱼，
（不要多次翻动它，
否则小鱼会破碎。）

以道来治理天下，
鬼神都不再显灵。
不是鬼神不显灵，
显灵也不会伤害人；

不仅鬼神不伤人，
圣人也不伤害人。
因为两者都不伤害人，
便可以让人民享受德的恩泽。

【浅析】

本章老子论“治大国，若烹小鲜”的道理，重在道莅天下，其鬼不神，取“治国”义。

老子认为，大道和圣人（秉持利而不害，为而不争的精神），从来都不会伤害人。这里老子将治理大国与日常生活（烹炸小鱼）联系起来，奉劝统治者应当效法大道和圣人之德，再次体现了老子作为一位思想家独到的洞察力。

D12　大者宜下

【原文】

大国者下流①。天下之牝，天下之交也②。牝常以静胜牡，以静为下。故大国以下小国，则取小国；小国以下大国，则取大国。故或下以取，或下而取③。大国不过欲兼畜人④。小国不过欲入事人，夫两者各得所欲，大者宜为下。[N61]

【注释】

①国：一本作邦。

②天下之牝，天下之交也：一本作天下之交，天下之牝（pìn 聘）也。交，会集、会总。

③下：谦下。取：通“聚”，会聚，统辖。

④兼畜人：聚养众人，意思是把人们聚集在一起加以养护。

【译文】

大国要像溪谷一般处于下游，
应是天下交流中心。
大国应是雌性的角色，
雌性总能以静制服雄性，
守静处下使雄性归向她。

大国若对小国谦卑处下，
便能取得小国们的信赖。
小国若对大国谦卑处下，
便能得着大国们的信任。

要么因谦卑处下而取得信任，

要么因谦卑处下而被信赖。
大国不过想聚养众人，
小国不过想融合于大国。
若要两者都能各得其所，
大国应当首先谦卑处下！

【浅析】

本章老子论大国与小国的特点及相处之道，重在大者宜下，各得所欲，取“治国”义。

老子认为“大国不过欲兼畜人。小国不过欲入事人”。当今世界，大国与小国林立，强国与弱国并存，战争与和平依然是摆在全人类面前的重大课题，这里老子提出的国家间的相处之道，仍然有着现实的意义。

D13　善下不争

【原文】

江海之所以能为百谷王者①，以其善下之，故能为百谷王。是以圣人欲上民②，必以言下之；欲先民，必以身后之。是以圣人处上而民不重③，处前而民不害。是以天下乐推而不厌。以其不争，故天下莫能与之争。[N66]

【注释】

①百谷王：百川狭谷所归附。
②圣人：一本无此二字。
③重：累、不堪重负。

【译文】

江海之所以能够汇聚百谷溪流成王者，

是因为它善于处在下势，
因此，能够为百川峡谷所归附。

所以——
圣人如果要做领导，他必定使言辞更谦下；
圣人如果要领导人民，他必定把自身放后面。

圣人就是这样——
他在上位，人民不会感到压力；
他在前位，人民不会感到危险。

所以，普天下都会热诚地拥戴他而不会厌倦。
因为不争，所以普天下没有人能够与他相争！

【浅析】

本章老子论“善下不争”之道，重在处上不重，处前不害，取“治国”义。

老子认为，江海之所以能成为百谷之王，以其善下之，圣人欲上民，必以言下之，只有这样才能赢得他人的尊重和爱戴。这里，老子希望统治者应当像江海容纳百川一样能够处下、居后，对人民实施宽厚包容、不重不害的治理，这样人民才会“乐推而不厌”。

D14　天网恢恢

【原文】

勇于敢则杀，勇于不敢则活①。此两者，或利或害②。天之所恶，孰知其故？是以圣人犹难之③。天之道④，不争而善胜，不言而善应，不召而自来，绰然而善谋⑤。天网恢恢⑥，疏而不失⑦。［N73］

【注释】
①敢：勇敢，坚强。不敢：柔弱，软弱。这里的“敢”，含有贬义。
②或利或害：勇于柔弱，有利；勇于坚强，有害。
③是以圣人犹难之：圣人对此也感到为难。
④天之道：即天道，指自然规律。
⑤绎（chǎn 产）然：安然，坦然。
⑥天网：指大自然的范围如同一张看不见的大网。恢恢：广大，宽广，无边无际。
⑦疏而不失：虽然看起来宽阔、疏远，但是并没有任何遗漏和缺失。

【译文】
有勇气却自恃刚强，胆大妄为的——必死。
有勇气但自认柔弱，不敢妄为的——得活。

同为两种勇气，一个有利，一个有害。
上天所厌恶的，谁晓得个中缘故呢？
对此，就连圣人也感到难以评判。

自然规律啊，（是如此的玄妙）——
不用斗争而善于取胜；
不用言语而善于应承；
不用召唤而自动到来；
坦然自处而善于谋划。

大自然啊，（是如此的玄妙）——
就如同一张浩瀚缥缈大网，
看起来稀疏却没有任何漏失！

【浅析】

本章老子论天之道，不争而善胜，不言而善应，不召而自来，绰然而善谋，重在天网恢恢，疏而不失，取“治国”义。

这里，老子表面上提出了如何对待“勇敢”的问题，指出敢与不敢的利害关系以及所带来的不同后果；实质上，老子仍然在论述“自然无为”的人生哲学或治国之道，无论是社会中的人，还是自然界中的万物，只要顺应自然规律，都会有好的结果，而不会有什么疏漏和缺失。

D15　天道无亲

【原文】

和大怨，必有余怨，安可以为善？是以圣人执左契[1]，而不责于人[2]。有德司契[3]，无德司彻[4]。天道无亲[5]，常与善人。［N79］

【注释】

①左契：债权人所执的契约（合同）。契，契约。

②责：求，讨债。意思是向债务人索取所欠的债务。

③司契：主管契约（的官职）。

④司彻：主管税收（的官职）。

⑤无亲：没有偏亲偏爱。

【译文】

和解深重的怨恨，

怨恨并不会完全被消除干净，

（这种调和之法）怎能算良善？

所以说，
圣人掌握着欠债的存根，却不索取偿还。
有德之人明了欠债而已，并不急于追讨；
无德之人却是极力搜刮，总是锱铢必较。

上天之道，（公正无私，）从不偏亲偏爱，
（当然，上天之道）永远帮助善良的人。

【浅析】

本章老子论“有德”与“无德”的区别，重在天道无亲，常与善人，取“治国”义。

老子认为，调和了大怨，必然有余怨，这样的做法不是“善法”。这里，老子意在警告统治者，不要进一步激化与民众之间的矛盾，因为长久以来积累的民怨太深，难以简单调和，正所谓“冰冻三尺，非一日之寒”。老子给出了圣人的做法，那就是“不责于人”，奉劝统治者应当效法圣人，施行“无为而治”的德政，逐步化解与民众之间的矛盾。只有让“天道”真正体现，落实于“人道”之中，每个人都才能以理待人，以善待人。

D16　圣人之心

【原文】

圣人常无心①，以百姓心为心。善者，吾善之；不善者，吾亦善之，德善②。信者，吾信之；不信者，吾亦信之，德信。圣人之在天下，歙歙焉为天下浑其心③。百姓皆注其耳目④，圣人皆孩之⑤。［N49］

【注释】

①常无心：一本作无常心。意为长久保持无私心。

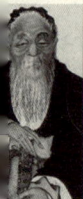

②德：通“得”。
③歙（xī 西）：意为吸气。这里指收敛意欲。浑其心：使人心思化归于浑朴。
④百姓皆注其耳目：百姓都使用自己的智谋，生出许多事端。
⑤圣人皆孩之：圣人使百姓们都回复到婴孩般纯真质朴的状态。

【译文】

圣人常存无私心，
总以百姓的心为自己的心。

善良的人，我会以善良待他；
不善的人，我也以善良待他。
（这样，善良或不善良的人，）
都能（从我这里）得到“善良”。

信实的人，我会以信实待他；
不信实的人，我也以信实待他。
（这样，信实或不信实的人，）
都能（从我这里）得到“信实”。

如果让圣人治理天下，一定会收敛意欲，
为天下计，将人的心思化归于浑朴。

老百姓总是专注沉迷于满足耳目欲望难以自拔，
圣人善于教化使人恢复到婴孩般纯真质朴状态。

【浅析】

本章老子论“圣人之心”，重在为政以德，德善德信，取“治国”义。

老子认为，圣人常无心，以百姓心为心，为天下浑其心，并表明自己对于善者、不善者、信者、不信者一视同仁、一体同观的态度，体现了圣人平等待人、救人救物、不离不弃的慈悲胸怀。可见，老子所描述的圣人心态，已近似于佛家所倡导的众生平等、救苦救难、大慈大悲的境界。

D17　圣人之治

【原文】

不尚贤[①]，使民不争；不贵难得之货[②]，使民不为盗[③]；不见可欲[④]，使民心不乱。是以圣人之治，虚其心[⑤]，实其腹，弱其志[⑥]，强其骨。常使民无知无欲，使夫智者不敢为也[⑦]。为无为[⑧]，则无不治[⑨]。［N03］

【注释】

①尚贤：一本为“上贤”。即崇尚，尊崇。贤：有德行、有才能的人。

②贵：重视，珍贵。货：财物。

③盗：窃取财物。

④见：通“现”，出现，显露。这里指显示、炫耀的意思。

⑤虚其心：使他们心里空虚，无思无欲。虚，空虚。心，古人以为心主思维，此指思想、头脑。

⑥弱其志：使他们减弱志气，削弱他们竞争的意图。

⑦敢：进取。

⑧弗为：同“无为”。

⑨治：治理，这里指通过治理而得到天下太平。

【译文】

不去推崇所谓的贤能，

世人就不会明争暗斗。

不要重视难得的财物，
世人就不会偷窃盗抢。
不去炫耀私欲，
世人就不会迷乱心性。

因此圣人的治理办法：
使人们无私无欲，
使人们填饱肚子，
使人们减弱志气，
使人们增强筋骨。

经过圣人的治理教化：
使人们保持无知无欲，
智巧的人也不敢妄为。
只要遵循无为的道理，
天下就一定能治理好！

【浅析】

本章老子论“圣人之治”及其效果，重在不见可欲，民心不乱，取“治国”义。

老子认为，统治者应该致力于虚化“民之心”，充实“民之腹”，弱化“民之志”，强健“民之骨”，常使民众处于无知无欲的状态，使民众虽有智巧而不敢妄为。只有不显露足以引起贪欲的事物，才能使人民的心思不至于被迷惑。

D18 小国寡民

【原文】

小国寡民[1]。使有什伯之器而不用[2]，使民重死而不远徙[3]。

虽有舟舆[④]，无所乘之。虽有甲兵[⑤]，无所陈之[⑥]。使民复结绳而用之[⑦]。甘其食，美其服，安其居，乐其俗[⑧]。邻国相望，鸡犬之声相闻，民至老死，不相往来。[N80]

【注释】

①小：使变小。寡：使变少。此句意为，使国家变小，使人民稀少。

②使：即使。什伯之器：各种各样的器具。什伯，意为极多，多种多样。

③重死：看重死亡，即不轻易冒着生命危险去做事。徙（xǐ 喜）：迁移、远走。

④舆：车子。

⑤甲兵：武器装备。

⑥陈：陈列。此句引申为排兵布阵，准备打仗。

⑦结绳：文字产生以前，人们用结绳的办法记录发生的事情。

⑧甘其食，美其服，安其居，乐其俗：使人民吃得香甜，穿得漂亮，住得安适，过得习惯。

【译文】

使国家变小，使人民稀少，
即使拥有各种各样的器具，
也派不上用场。

人们敬畏死亡，不愿远行迁徙。
虽有车船，却没有地方使用；
虽有武器装备，也没有地方部署。
让人们再用结绳记事的办法。

使人民吃得香甜，穿得漂亮，住得安适，过得习惯。

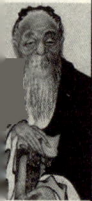

邻国界的人们相互可以看见，
鸡鸣狗叫也可以相互听到，
人民直到老死也不相互往来。

【浅析】

本章老子论“小国寡民”，重在国泰民安，安居乐业，取“治国”义。

老子认为，如果能达到小国寡民这样的治理境界或效果，那么就会“虽有舟舆，无所乘之。虽有甲兵，无所陈之”。有学者认为，这只是老子的“理想国”或“乌托邦”，人类将不会再返回，也没有必要再返回到“结绳记事”的原始社会，当然，老子的本意仍是劝导统治者秉持“无为则民自化”的治国理念，因为只有国泰才能民安，只有安居才能乐业。

D19 太上不知

【原文】

太上①，不知有之②；其次，亲而誉之；其次，畏之；其次，侮之。信不足焉，有不信焉。悠兮③，其贵言④。功成事遂，百姓皆谓“我自然”⑤。［N17］

【注释】

①太上：至上、最好，此处指最好的统治者。

②不知有之：人民感觉不到有统治者的存在。

③悠兮：悠闲自在的样子。

④贵言：珍贵语言，不多说话。这里引申为统治者不轻易发号施令。

⑤百姓皆谓“我自然”：此处指百姓丝毫不觉得有谁强迫他们这样做。自然，自己本来就如此。

【译文】

最好的统治者，
人民感觉不到他的存在；

次一等的统治者，
能得到人民的亲近和赞誉；
再次一等的统治者，
人民对他感到畏惧和害怕；
最次等的统治者，
人民对他只有轻蔑和侮辱；

（因为）统治者的诚信不足，
（所以）人民自然不相信他。

最好的统治者真是悠闲啊，
他从不轻易发号施令。
等到大功告成事情办妥了，
百姓大众都会自然而然地说：
我们本来就是这样做事的！

【浅析】

本章老子论“为政治国”的四个层次或境界，重在无为而治，顺其自然，取“治国”义。

老子认为，由高至低，治国的境界分别包括不知有之、亲而誉之、畏之、侮之。这里不难看出，只有遵循老子提出的最高境界——“太上不知”，才能达到功成事遂、百姓“谓我自然”的效果。任何事物都存在自身发展的必然性，国家、社会乃至个人的生存发展亦是如此，只有顺应其发展规律，才能实现预期的目标。

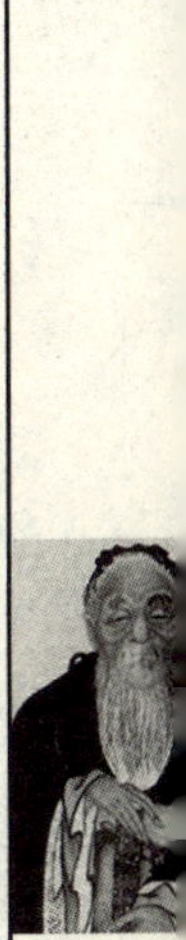

D20 希言自然

【原文】

希言自然①。故飘风不终朝②，骤雨不终日③。孰为此者？天地。天地尚不能久，而况于人乎？故从事于道者④，同于道；德者，同于德；失者，同于失⑤。同于道者，道亦乐得之；同于德者，德亦乐得之；同于失者，失亦乐得之⑥。信不足焉，有不信焉。[N23]

【注释】

①希言：少言，寡言，少说话之意。这里指统治者少施加政令、不扰民的意思。
②飘风：大风、强风。
③骤雨：大雨、暴雨。
④从事于道者：按道办事的人。这里指统治者按道施政。
⑤失：指失道或失德。
⑥同于失者，失亦乐得之：此处为反语。指乐于得必乐于失，有失去才有得到。

【译文】

少言政令不扰民，是合乎自然的。

所以，
（从“希言自然”的角度来看，）
强风，再疯狂也刮不了一个清晨；
暴雨，再肆虐也下不了一个整天。
（想一想）是谁在兴起风雨呢？正是天地呀。
天地兴风作雨尚不能长久，何况是人类呢？

所以，
遵道行事者，就同归于道；
遵德行事者，就同归于德；
违背道德者，就同归于失。

同归于道的，“道”乐得其所为（归向道）；
同归于德的，“德”乐得其所为（归向德）；
同归于失的，“失”乐得其所为（归向失）！
（统治者）诚信不足，人民自然就不会相信他。

【浅析】

本章老子论“希言自然”之理，重在行于大道，同道同德，取“治国”义。

老子认为，“有为”之法就如同飘风、骤雨一样不能长久，天地的自然现象尚且不能长久，何况是渺小的人类呢。这里，再次体现了老子“人法地，地法天，天法道，道法自然”的观点，并奉劝统治者效法天地、大道，应当“希言”，不要“多言”，甚至“不言”，暗示统治者应按道施政，以德施政。

议　兵

【题解】

本篇共辑录《老子》原文四章（编码为E，由E01至E04），包括“以道佐人”、“恬淡为上”、“善士不武”与“不可轻敌”。

主要内容有：以道佐人（如“以道佐人主者，不以兵强天下。其事好还。师之所处，荆棘生焉。大军之后，必有凶年”）、兵者不祥（如“夫兵者，不祥之器，物或恶之，故有道者不处”）、善士不武（如“善为士者，不武；善战者，不怒；善胜敌者，不与；善用人者，为之下”）、不可轻敌（如“祸莫大于轻敌，轻敌几丧吾宝。故抗兵相若，哀者胜矣”）。详见下文。

E01　以道佐人

【原文】

以道佐人主者，不以兵强天下。其事好还[①]。师之所处，荆棘生焉。大军之后，必有凶年[②]。善有果而已[③]，不敢以取强[④]。果而勿矜，果而勿伐，果而勿骄，果而不得已，果而勿强。物壮则老[⑤]，是谓不道[⑥]，不道早已[⑦]。[N30]

【注释】

①其事好还：用兵这件事一定能得到还报（报应）。还，返，回报。

②凶年：荒年、灾年。

③善有果：指达到获胜的目的。果，成功之意。

④不敢：帛书本为“毋以取强”。取强：逞强、好胜。

⑤物壮：强壮、强硬。

⑥不道：不合乎于“道”。
⑦早已：早死、很快完结。

【译文】

用道来辅佐君王的人，
不会凭武力称霸天下。
穷兵黩武终归有报应！
军队进驻之地，荆棘便长出来；
每逢大战之后，凶年接着来到。
达到获胜目的，无须逞强好胜。

取得成果，而不矜持自大；
取得成果，而不自我夸耀；
取得成果，而不骄横狂傲；
取得成果，实出于不得已；
取得成果，而不逞强好胜。
任何事物，过强就会衰朽，
这种情况可谓不能合于道。
不合于道的，必定提早灭亡！

【浅析】

本章老子论兵事，重在物壮则老，兵强则灭，取“议兵”义。

老子认为，应以道佐人主，不应以武力逞强天下，又认为大军之后，必有凶年。可见，任何事物发展到极端就会走向反面，就会衰败灭亡，这无疑是对古今穷兵黩武者的当头棒喝。

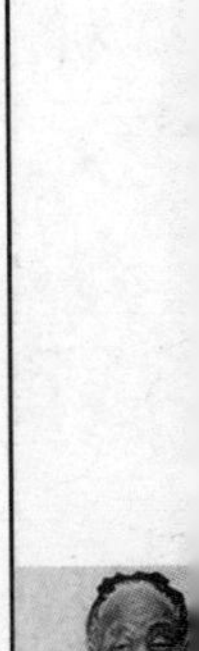

E02 恬淡为上

【原文】

夫兵者①，不祥之器，物或恶之②，故有道者不处。君子居则贵左③，用兵则贵右。兵者，不祥之器，非君子之器，不得已而用之，恬淡为上④。胜而不美，而美之者，是乐杀人。夫乐杀人者，则不可得志于天下矣。吉事尚左，凶事尚右。偏将军居左，上将军居右，言以丧礼处之。杀人之众，以悲哀莅之⑤；战胜，以丧礼处之。[N31]

【注释】

①夫兵者：一本作“夫佳兵者”。夫，作为发语词。兵者，指兵器。

②物或恶之：意为人所厌恶、憎恶的东西。物，指人。

③贵左：古人以左为阳，以右为阴，阳生而阴杀。尚左、尚右、居左、居右都是古代礼仪的规矩。

④恬淡：安静、沉着。

⑤悲哀：一本作哀悲。莅之：到达、到场。

【译文】

兵器，是不吉祥的器物，
人们都厌恶它，
因此，
有道之人远离而不用它。

君子平时以左侧为可贵，
用兵时就以右侧为可贵。

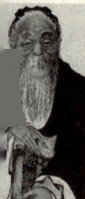

兵器，是不吉祥的器物，
不是君子所应用的器物，
在万不得已时才使用它，
就算使用也应恬淡为上。

不要把打胜仗当成美事。
那以打胜仗为美事的人，
实际上就是以杀人为乐。
那些以杀人为乐的人啊，
绝不可能得志于天下的！
吉庆的事情以左侧为上，
凶险的事情以右侧为上。
偏将军在左，上将军在右，
这是以办丧礼来看待战事。
杀人多了，就当悲伤哀悼；
打了胜仗，当以丧礼善后。

【浅析】

本章老子论兵事，重在恬淡为上，胜而不美，取“议兵”义。

老子认为，兵者是不祥之器，非君子之器，物或恶之，有道者不处。这里，老子进一步阐述了其反战思想，奉劝世人应当恬淡虚静，和平自处，远离凶器。即使不得已出兵而取胜，也应当用丧礼来对待。这充分表现了老子悲天悯人的人道思想，从中我们可以看到其伟大的人格魅力。

E03 善士不武

【原文】

善为士者①，不武；善战者，不怒；善胜敌者，不与②；善用人者，为之下。是谓不争之德，是谓用人之力，是谓配天古之极③。[N68]

【注释】

①士者：这里引申为将帅、带兵之人。士，即武士。
②不与：意为不争，引申为不必两军对垒或正面交锋。
③配天古之极：指符合天道的准则。一说，“古”字是衍文。

【译文】

善于带兵的人，不会轻易动武；
善于战斗的人，不会轻易动怒；
善于胜敌的人，不用正面交锋；
善于用人的人，总是言辞谦下。

这可谓是，
不争不竞的美德，
得人用人的能力，
符合天道的准则！

【浅析】

本章老子论不争之德，重在用人之力，配天之极，取“议兵”义。

老子认为，善为士者，不轻易动武；善战者，不轻易发怒；善胜敌者，不轻易与人交锋；善用人者，应当礼让谦逊。

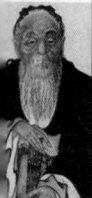

E04 不可轻敌

【原文】

用兵有言："吾不敢为主，而为客[①]；不敢进寸，而退尺。"是谓行无行[②]，攘无臂[③]，扔无敌[④]，执无兵[⑤]。祸莫大于轻敌，轻敌几丧吾宝。故抗兵相若[⑥]，哀者胜矣[⑦]。［N69］

【注释】

①为主：主动进攻，进犯敌人。为客：被动退守，不得已而应敌。

②行无行：虽然有阵势，却像没有阵势可列。行，行列，阵势。

③攘无臂：意为虽然要奋臂，却像没有臂膀可举一样。

④扔无敌：意为虽然面临敌人，却像没有敌人可与之交手一样。

⑤执无兵：意为虽然有兵器，却像没有兵器可执一样。兵，兵器。

⑥抗兵相若：意为两军旗鼓相当，势均力敌。

⑦哀者：悲哀的一方，指受到攻击、受到侵略的一方。哀，哀悯，慈悲。

【译文】

（善于）用兵的人有句话：
"我不敢主动地举兵伐人，
而只是被动地起兵自卫；
我不敢去冒犯人家一寸，
而宁肯让自己退避一尺。"

这就是说：
虽然有阵势，却好像没有阵势可列一样；

虽然要振臂，却好像没有臂膀可举一样；
虽然要胜敌，却好像没有敌人可攻一样；
虽然有兵器，却好像没有兵器可执一样。

祸患，没有比轻敌更大的了；
轻敌，几乎能丧失我的三宝。
所以，如果两军的实力相当，
那受到攻击的一方必胜无疑。

【浅析】

本章老子论兵事，重在轻敌祸大，可丧吾宝，取“议兵”义。

老子认为，真正懂得用兵的人，不敢为主而应为客，不敢进寸而应退尺。这里，老子从军事学的角度，谈“以退为进”的处世哲学。老子的军事思想也反映了老子处世哲学中谦卑退让、居下不争的原则。本章提到的“哀兵必胜，骄兵必败”的道理，也成为历代兵家不敢忽视的军事名言。

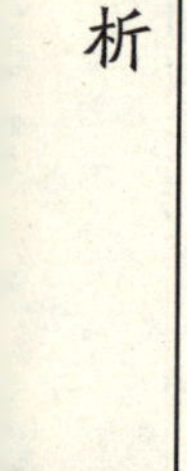

砭　时

【题解】

本篇共辑录《老子》原文十二章（编码为F，由F01至F12），包括“上德不德”、“知足常足”、“国家昏乱”、“人心发狂”、“功遂身退”、“知足知止”、“民不畏威”、“民不畏死”、“民之难治”、“天道人道”、“行于大道”以及“易知易行”。

主要内容有：感叹天下无道（如“罪莫大于可欲，祸莫大于不知足，咎莫大于欲得”）、感叹大道废弛（如“大道废，有仁义；智慧出，有大伪；六亲不和，有孝慈；国家昏乱，有忠臣”）、感叹五色五音之害（如“五色令人目盲，五音令人耳聋，五味令人口爽，驰骋畋猎令人心发狂”）、感叹世人不能功遂身退（如“金玉满堂，莫之能守；富贵而骄，自遗其咎。功遂身退，天之道也”）、感叹世人不能知足知止（如“甚爱必大费，多藏必厚亡。故知足不辱，知止不殆，可以长久”）、感叹民不畏威（如“无狎其所居，无厌其所生。夫唯不厌，是以不厌”）、感叹民不畏死（如“奈何以死惧之？若使民常畏死，而为奇者，吾得执而杀之，孰敢？”）、感叹民之难治（如“民之难治，以其上之有为，是以难治。民之轻死，以其上求生之厚，是以轻死”）、感叹人之道不如天之道（如“天之道，其犹张弓欤？高者抑之，下者举之；有余者损之，不足者补之。天之道，损有余而补不足。人之道，则不然，损不足以奉有余”）、感叹世人不能行于大道（如“大道甚夷，而人好径”）、感叹世人不能理解并实践自己的学说（如“吾言甚易知，甚易行。天下莫能知，莫能行……夫唯无知，是以不我知。知我者希，则我者贵”）等。详见下文。

F01 上德不德

【原文】

上德不德①，是以有德；下德不失德②，是以无德③。上德无为而无以为④，下德无为而有以为⑤。上仁为之而无以为，上义为之而有以为。上礼为之而莫之应，则攘臂而扔之⑥。故失道而后德，失德而后仁，失仁而后义，失义而后礼。夫礼者，忠信之薄，而乱之首⑦。前识者⑧，道之华，而愚之始⑨。是以大丈夫处其厚⑩，不居其薄⑪；处其实，不居其华。故去彼取此。［N38］

【注释】

①上德不德：具备上德的人，任运自然，不表现为形式上的德。不德，不表现为形式上的“德”。

②下德不失德：下德的人恪守形式上的“德”，不失去仁义之类的品德，即形式上不离开德。

③无德：无法体现真正的德。

④上德无为而无以为：此句意为上德之人顺应自然而无心作为。以，故意。无以为，即不是故意而为。

⑤下德无为而有以为：此句与上句相对应，即下德之人顺应自然而有意作为。下德之人把“无为”当作目的和手段而有意为之。

⑥攘（rǎng 嚷）臂而扔之：若以礼行事，对方不应，于是卷袖伸臂，强使人家就范于礼。攘臂，伸出手臂。扔，意为强力牵引。

⑦薄：薄弱、浅薄、不足。首：开始、开端。

⑧前识者：先知先觉者，有先见之明者。一说，“前识”乃当政者努力为庶民百姓预先制定各种政策法规，使民受种种束缚，为政者虽有善心，运其智巧，结果却适得其反；一说，前识即是“无为”的反面，不符合大道任运自然之理。

⑨华：虚华。
⑩处其厚：立身敦厚、朴实。
⑪薄：指礼之衰薄。

【译文】

上德之人，不表现为形式上的“德”，这是真有德；
下德之人，总是在形式上离不开“德”，这是真无德。

上德之人效法无为，任运自然而无心施为；
下德之人效法无为，任运自然而有心施为。

上仁之人有所作为，行仁爱人而无意为之；
上义之人有所作为，行侠仗义却有意为之；
上礼之人有所作为，行礼作揖而没人回应；
（于是）就用臂膀推搡拉扯，强迫人家服从。

所以，
丧失了大道，这才强调品德；
丧失了品德，这才强调仁爱；
丧失了仁爱，这才强调正义；
丧失了正义，这才强调礼法。

所谓礼法，
只不过是忠信的浅薄，
实际上，它就是祸乱的开端。

（人世间）所谓先知先觉的人，
不过是摘取了大道一点虚华，
（殊不知）这正是愚昧的开始。
（“前识”不合于大道无为之理，所以愚昧。）

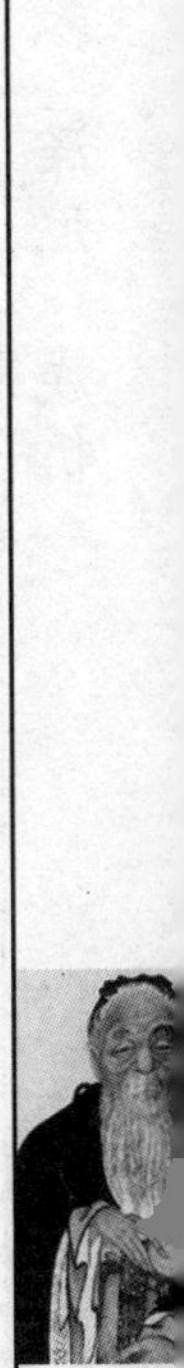

所以说，（真正得道，有智慧的）大丈夫——
宁愿置身于道德之淳厚，而不拘泥于忠信之浅薄；
宁愿置身于道德之朴实，而不拘泥于礼法之浮华。

所以，（大丈夫）去除浅薄和浮华，取用淳厚和朴实。

【浅析】

本章老子论“上德”与“下德”的区别，以及“失道失德”后的严重后果，重在上德不德，是以有德，取“矻时”义。

老子认为，上德无为而无以为，下德无为而有以为，劝言大丈夫“去彼取此”，应当处其厚，不居其薄；处其实，不居其华。在老子看来，那些制定了仁义礼教的所谓先知们，也只不过是看到了“道”的表面的虚华，而没有见到实质，这恰恰是他们愚昧的开端。

F02 知足常足

【原文】

天下有道，却走马以粪①；天下无道，戎马生于郊②。罪莫大于可欲，祸莫大于不知足，咎莫大于欲得。故知足之足，常足矣③。［N46］

【注释】

①却：屏去，退回。走马以粪：此句意为用战马耕种田地。粪，耕种，播种。
②生于郊：指参加作战的母马在战地的郊外生下小马驹，形容战争的残酷。戎马，战马。
③故知足之足，常足矣：知道满足的这种满足，是永远满足的。

【译文】

天下有道（太平）的时候，
最好的战马也用来耕地。

天下无道（战乱）的时候，
怀驹的母马也要上战场。

最大的祸害就是不知足，
最大的罪过就是太贪婪。

所以，
知道以知足为满足的人
是永远满足的！

【浅析】

本章老子论“知足常足”的道理，重在清心寡欲，知足常乐，取“砭时”义。

老子认为，罪莫大于可欲，祸莫大于不知足，咎莫大于欲得。古往今来，世殊事异，时过境迁，人类社会的进步一日千里，然而，当我们静下心来重温老子五千言的时候，我们仍能感受到人类社会的“罪”、“祸”、“咎”的根源并未因社会进步、科技发达而消除，我们的生活中仍然能够找到“可欲”、“不知足”、“欲得”的影子。老子之言，令人深思！

F03　国家昏乱

【原文】

大道废①，有仁义；智慧出②，有大伪；六亲不和③，有孝慈④；国家昏乱，有忠臣。［N18］

【注释】

①大道：指社会政治制度和秩序。

②智慧：聪明、智巧。

③六亲：父子、兄弟、夫妇。

④孝慈：一本作孝子，指孝子慈父。

【译文】

大道废弃了，才倡导所谓仁义。

智慧出现了，才有了大伪巧诈。

六亲不和了，才大讲孝道慈爱。

国家混乱了，才可见忠良之臣。

【浅析】

本章老子批评当时社会“大道废”、“有大伪”、“六亲不合”、“国家昏乱”等舍本逐末、伪诈狡黠的病态的社会现象和行为，重在迷途知返，返朴归真，取“砭时”义。

老子认为，导致人们执迷不悟，积重难返的根本原因，在于人们背离了大道清静无为、任运自然的精神。简言之，老子认为，社会对某种德行的表彰或弘扬，正是由于社会特别缺少这种德行的缘故，而问题的根源在于人们“失道失德”背道而驰。

F04　人心发狂

【原文】

五色令人目盲①，五音令人耳聋②，五味令人口爽③，驰骋畋猎令人心发狂④，难得之货令人行妨⑤。是以圣人为腹不为目⑥，故去彼取此⑦。[N12]

【注释】

①五色：指青、黄、赤、白、黑。此指色彩多样。目盲：比喻眼花缭乱。

②五音：指宫、商、角、徵（zhǐ 止）、羽。这里指多种多样的音乐声。耳聋：比喻听觉不灵敏。

③五味：指酸、苦、甘、辛、咸。这里指多种多样的美味。口爽：意思是味觉失灵，生了口病。古代以“爽”为口病的专用名词。

④驰骋：纵横奔走，比喻纵情放荡。畋猎，打猎获取动物。畋（tián 田）：打猎的意思。心发狂：心旌（jīng 精）放荡而不可制止。

⑤行妨：伤害操行。妨，妨害、伤害。

⑥为腹不为目：只求温饱安宁，而不为纵情声色之娱。“腹”在这里代表一种简朴宁静的生活方式，“目”代表一种巧伪多欲的生活方式。

⑦去彼取此：摒弃物欲的诱惑，而保持安定知足的生活。彼，指“为目”的生活；此，指“为腹”的生活。

【译文】

缤纷的色彩令人眼花缭乱，
变幻的音响令人耳朵发聋，
丰腴的美食令人味觉失灵，
驰骋于狩猎令人心意狂荡，
奇珍和异宝令人伤害操行。

故圣人只求温饱安宁，而不为纵情声色之娱。
（要让人们的内心得到充实，
而不是一味追逐声色娱乐。）
所以摒弃物欲的诱惑，
而保持朴素充实的生活方式。

【浅析】

本章老子论“圣人为腹不为目”的道理，重在清心寡欲，去彼取此，取“砭时”义。

老子认为，五色、五音、五味、驰骋畋猎令人心发狂，难得清静。常言道：性静情逸，心动神疲；守真志满，逐物意移。这里老子奉劝世人，应当反思当前的生活方式是否存在上述问题，做出明智的抉择，而不要舍本逐末，最终落入积重难返、追悔莫及的境地。

F05 功遂身退

【原文】

持而盈之①，不如其已②。揣而锐之③，不可长保④。金玉满堂，莫之能守。富贵而骄，自遗其咎⑤。功遂身退⑥，天之道也⑦。[N09]

【注释】

①持而盈之：守持盈满，自满自骄。持，手执、手捧。

②不如其已：不如适可而止。已，止。

③揣（chuāi 搋）而锐之：把铁器磨得又尖又利。揣，捶击的意思。

④长保：不能长久保存。

⑤咎（jiù 旧）：过失、灾祸。

⑥功遂身退：功成名就之后，不再身居其位，而应适时退下。身退，并不是退隐山林，而是不居功贪位。

⑦天之道：指自然规律。

【译文】

守持盈满，自满自骄，

不如适可而止；
妄想显露锋芒锐利的，
难以长久保持。

金玉满堂（如过眼云烟，）
问谁又能长久守藏呢？
富贵不仁而骄横淫乱，
会自己留下过失！
功成名就，全身而退，
这样做才符合天道啊！

【浅析】

本章老子论“功遂身退”的道理，重在金玉满堂，莫之能守，取“砭时”义。

老子认为，持而盈之，不如其已；揣而锐之，不可长保；富贵而骄，自遗其咎。这里，老子旨在教导为人之道，凡事要留有余地，不应把事情做得太过头，不要被胜利冲昏头脑。这一点与儒家孔子所言“过犹不及”的观点相似。现实生活中，人们最难把握的就是度，为人锋芒毕露、富贵骄奢、居功自傲，都是过度的表现，难免不招致灾祸。常言道“谦受益，满招损”，正是这个道理！

F06　知足知止

【原文】

名与身孰亲？身与货孰多①？得与亡孰病②？甚爱必大费③，多藏必厚亡④。故知足不辱⑤，知止不殆，可以长久。［N44］

【注释】

①多：轻重的意思。货，财富。

②得：指名利。亡：指丧失性命。病：有害。

③甚爱必大费：过于爱名就必定要付出很大的耗费。

④多藏必厚亡：丰厚的藏货就必定会招致惨重的损失。

⑤故知足不辱：今本没有“故”字，据帛书补之。

【译文】

名誉与生命，哪一样更亲近呢？
生命与财富，哪一样更重要呢？
得到与失去，哪一样更有害呢？
过分爱慕（虚名），必会付出更多代价；
过多私藏（财富），必会招致惨重损失。

所以，
知道适时满足，就不会遭受屈辱；
知道适可而止，就不会遇见危险，
（懂得知足、知止，）人生才可以长久！

【浅析】

本章老子批评“甚爱大费、多藏厚亡”的行为，重在知足不辱，知止不殆，取“砭时”义。

这里，老子再次奉劝世人应慎重对待并处理好“名与身”、“身与货”、“得与亡”的关系，否则，就难以长久，甚至身败名裂。我们从中似乎可以看出老子的人生观：人要贵生重己，对待名利要适可而止，知足知止，这样才可以避免危难；反之，为了名利奋不顾身，铤而走险，则必然会落得身败名裂的下场。俗话说“名缰利锁”，暗含的也正是这个道理！

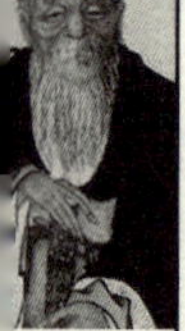

F07　民不畏威

【原文】

民不畏威[1]，则大威至[2]。无狎其所居[3]，无厌其所生[4]。夫唯不厌[5]，是以不厌。是以圣人自知不自见[6]，自爱不自贵[7]。故去彼取此[8]。［N72］

【注释】

①威：指统治者的镇压和威慑。此句意为，百姓们不畏惧统治者的高压政策。
②威：指人民的反抗斗争。
③无狎：即不要逼迫的意思。狎，通“狭”，意为压迫、逼迫。
④无厌：厌指压迫、阻塞的意思。
⑤不厌：这个厌指人民对统治者的厌恶、反抗斗争。
⑥不自见：不自我表现，不自我显示。
⑦自爱不自贵：指圣人但求自爱而不求自显高贵。
⑧去彼取此：指舍去“自见”、“自贵”，而取“自知”、“自爱”。

【译文】

当人民不再敬畏统治者威压之时，
真正可怕的大威胁就很快要来到了。

（这里，奉劝统治者——）
不要侵犯人们的居所，
不要压榨人们的生活。
只要不逼迫人民，
人们就不会厌恶权威。

圣人懂得自知（之明），从不自我炫耀；
圣人懂得自爱（之道），从不自我显贵。

所以，（应当效法圣人）“去彼取此”——
去除（自见、自贵），取用（自知、自爱）。

【浅析】

本章老子论“民不畏威”之理，重在自知自爱，去彼取此，取“砭时”义。

老子认为，统治者应无狎人民所居（民居），无厌人民所生（民生）。这里老子郑重警告统治者，应当反思“民不畏威”的深层次原因，避免出现“哪里有压迫，哪里就有反抗”的严重后果。因为，如果统治者一味用“刚强”来对待民众之“柔弱”，则终有一天物极必反，“柔弱”势必会战胜“刚强”。

F08 民不畏死

【原文】

民不畏死，奈何以死惧之？若使民常畏死，而为奇者①，吾得执而杀之②，孰敢？常有司杀者③杀。夫代司杀者④杀，是谓代大匠斫⑤。夫代大匠斫者，希有不伤其手矣。[N74]

【注释】

①为奇：奇，奇诡、诡异。为奇，指为邪作恶、为非作歹之人。
②执：拘押。
③司杀者：指专管杀人的人，即负责行刑的人，这里引申为天道、自然。
④代司杀者：代替专管杀人的人。
⑤斫（zhuó 浊）：砍、削。

【译文】

当人民已经不再畏惧死亡的时候，
用死亡来恐吓人民又有什么用呢？

如果能够先使人民懂得敬畏死亡，
倘若还有人为非作歹就抓来处死，
（那么）还有谁胆敢（为非作歹）呢？

（要知道，冥冥永恒中啊，）
早已有天道负责行刑，
企图取代它去主宰生杀予夺的人，
就好像外行人代替木匠砍削木头。
这些妄想代替木匠砍削木头的人，
结果很少有不伤着自己手的。

【浅析】

本章老子论“民不畏死”之理，重在以民为本，胜残去杀，取“砭时”义。

老子认为，代大匠斫者，很少有不伤及自身的。这里承接“民不畏威”一章而来，老子进一步提出“民不畏死”的严重性。如果说“民不畏威”还只是不把统治者放在眼里，放在心上的话，那么到了“民不畏死”的境地，人民与统治者之间的矛盾就已经激化到有你无我、你死我活的极端斗争之中，正所谓“官逼民反，民不得不反”，到这时，统治者的地位就岌岌可危了。

F09　民之难治

【原文】

民之饥，以其上食税之多，是以饥。民之难治，以其上之有为[1]，是以难治。民之轻死，以其上求生之厚[2]，是以轻死。夫唯无以生为者[3]，是贤于贵生[4]。［N75］

【注释】

①有为：与无为相对。这里指繁苛的政治压迫，统治者强作、妄为。

②以其上求生之厚：由于统治者奉养过于丰厚奢侈。

③无以生为者：不以养生为首要任务的人，即生活上淡泊清静、顺其自然的人。这里引申为不要使生活上的奉养过分奢侈丰厚。

④贤于贵生：比奉养奢侈的人要高明。贤，胜过、超过。贵生，厚养生命。

【译文】

人民吃不饱饭，
是因为上层统治者缴税太多，
所以，（人民）吃不饱饭。

人民难以管治，
是因为上层统治者肆意妄为，
所以，（人民）难以管治。

人民轻视死亡，
是因为上层统治者奉养过于丰厚，
（奉养奢侈丰厚却不顾人民死活）

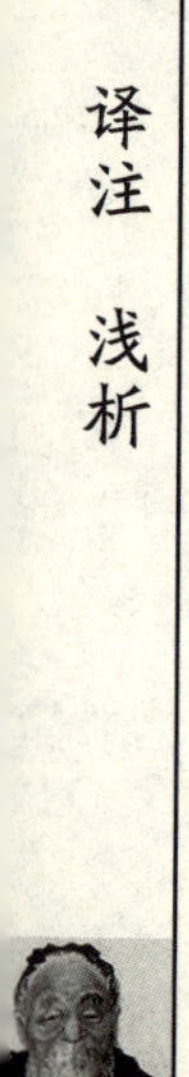

所以，（人民）轻视死亡。

唯有生活清静恬淡顺其自然的人，
才胜过生活奢侈华贵的人！

【浅析】

本章老子论“民之难治”，重在无以生为，贤于贵生，取“砭时”义。

老子认为，民之难治的根源，在于统治者过于“有为”，所以难治；又认为民之轻死的根源，在于统治者求生、养生过于奢侈丰厚，并且严重损害了人民的利益，这也是为什么老子认为“人之道（损不足以奉有余）”，不如“天之道（损有余以补不足）”的原因所在。

F10 天道人道

【原文】

天之道，其犹张弓欤？高者抑之，下者举之；有余者损[①]之，不足者补之。天之道，损有余而补不足。人之道[②]，则不然，损不足以奉有余。孰能有余以奉天下？唯有道者。是以圣人为而不恃，功成而不处，其不欲见贤[③]。［N77］

【注释】

①损：减少。

②人之道：社会的一般法则。

③是以圣人……不欲见贤：有学者认为这三句与上文意义不相合，疑为错简重出，当删。前两句类似意义已见于《老子》第二章（N02/C09）。

【译文】

上天之道，（即自然规律，）
不就像拉开弓弦（准备射箭）一样吗？
（弓位）高了向下压一压，低了向上举一举，
拉过了再松一松，不足时再拉一拉。

自然规律，（体现着公平正义，）
减损那有余的，补给不足的。

人间的道呢，（却违背公平正义，）
是减损这不足的，供给那有余的。

谁能（减损）有余并把它献给天下？
（依我看）只有得道者才能够做到。

所以，
圣人施为养育万物而不倚仗己能；
大功告成之后，却不以功德自居，
他是不想表现自己的聪明才智。

【浅析】

本章老子揭示了“天之道”与“人之道”的本质差别，重在为而不恃，功成不处，取“砭时”义。

老子认为，天之道，损有余而补不足；人之道，正相反，损不足以奉有余。这里，老子认为“损不足以奉有余”是造成人类社会长期存在不平等、不合理、不公平现象的根源，相反，天道（即自然界的法则）却是“损有余而补不足”，体现了老子希望平均分配社会财富、人类平等相待的社会理想。

F11　行于大道

【原文】

使我介然有知[①]，行于大道，唯施是畏[②]。大道甚夷[③]，而人好径[④]。朝甚除[⑤]，田甚芜，仓甚虚；服文彩，带利剑，厌饮食[⑥]，财货有余，是谓盗夸[⑦]。非道也哉。［N53］

【注释】

①使：假如。我：指有道的圣人。老子在这里托言自己。介然有知：介，微小，略有所知、稍有知识的意思。

②施（yí 仪）：邪、斜行。

③夷：平坦。

④人：指人君，一本作“民”。径：邪径。

⑤朝甚除：朝政非常败坏。一说，宫殿很整洁。

⑥厌饮食：饱得不愿再多吃。厌，饱足、满足、足够。

⑦盗夸：大盗、盗魁，即强盗的首领。

【译文】

假如我稍有知识，
（便会）行于大道唯恐有偏离。
大道正直平坦又安全，
世人却偏好小路行邪道。

朝政已非常败坏，
田园无人耕种很荒芜，
仓库十分空虚。

（大家都来看看吧——）

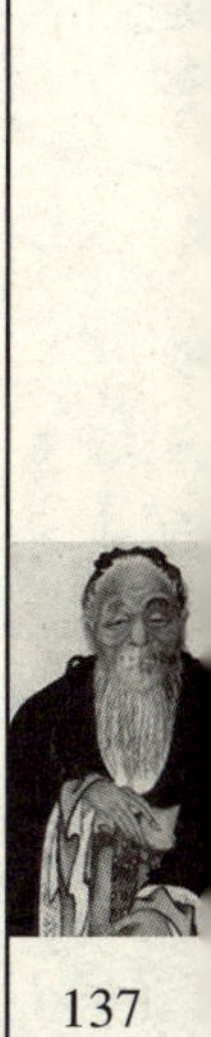

他们穿戴锦绣的衣冠，
他们佩带锋利的宝剑，
他们吃腻了山珍海味，
他们囤积了金银财宝，
这不就是强盗头子吗?!
这背离大道的时代啊!

【浅析】

本章老子感叹“大道甚夷，而民好径”的社会现实，批评服文彩、带利剑、厌饮食、财货有余等“盗夸非道”的行为，重在行于大道，唯施是畏，取“砭时”义。

老子认为，不遵循“大道”的统治者所走的是一条邪恶之路，他们都是一伙贪得无厌，穷凶极恶的强盗头子，也是制造贫富分化，导致社会矛盾的根源。这里，老子尖锐地揭露了当时社会的一些矛盾现象，对无道的统治者进行了强烈的抨击和控诉。

F12　易知易行

【原文】

吾言甚易知，甚易行。天下莫能知，莫能行。言有宗[1]，事有君[2]。夫唯无知[3]，是以不我知。知我者希，则我者贵[4]。是以圣人被褐而怀玉[5]。[N70]

【注释】

①言有宗：言论有一定的宗旨、主旨。宗，根本、根据。
②事有君：办事有一定的根据。君，主、主旨，指有所依据。
③无知：指别人不理解。一说，自己无知。
④则：法则。这里用作动词，意为效法。
⑤被（pī 披）褐：被，穿着。褐，粗布。怀玉：玉，美玉，这

里引申为知识和才能。怀玉意为怀揣着知识和才能。

【译文】
我的话很容易明白，很容易实行；
天下人却不能明白，也不能实行。

(我所讲述的这些“大道理” 啊,)
(理论方面,) ——论说起来有宗旨；
(实践方面,) ——行动起来有根据。
正因为人们不能理解这些大道理，
所以，也导致人们不能够理解我。

(这虽然令人遗憾，但也没有关系,)
知晓我（大道理论）的人越是稀少，
效法我（遵道行事）的人更是可贵。

所以，(对于悲悯世人的）圣人啊，
(看起来,）外表穿着粗麻衣（，很鄙陋)；
(殊不知,）内里揣着美宝玉（，很伟大)！

【浅析】
本章老子感叹“吾言甚易知，甚易行”，然而“天下莫能知，莫能行”，重在知我者希，则我者贵，取“砭时”义。

本章可视为《老子》五千言以及“被褐怀玉”的老子对世人最后的忠告，世人能否通过“闻道”而知道、修道、悟道，以至于能否身体力行，行于大道，这完全取决于世人自身的抉择。

附录 《老子》原文

N01 众妙之门

道可道，非常道；名可名，非常名。无，名天地之始；有，名万物之母。故常无，欲以观其妙；常有，欲以观其徼。此两者，同出而异名，同谓之玄。玄之又玄，众妙之门。［明道］A15

N02 功成弗居

天下皆知美之为美，斯恶已；皆知善之为善，斯不善已。有无相生，难易相成，长短相形，高下相盈，音声相和，前后相随，恒也。是以圣人处无为之事，行不言之教；万物作而弗始，生而弗有，为而弗恃，功成而弗居。夫唯弗居，是以不去。［处世］C09

N03 圣人之治

不尚贤，使民不争；不贵难得之货，使民不为盗；不见可欲，使民心不乱。是以圣人之治，虚其心，实其腹，弱其志，强其骨。常使民无知无欲，使夫智者不敢为也。为无为，则无不治。［治国］D17

N04 万物之宗

道冲，而用之或不盈。渊兮，似万物之宗。挫其锐，解其纷，和其光，同其尘。湛兮，似或存。吾不知谁之子，象帝之先。［明道］A13

N05 天地之间

天地不仁，以万物为刍狗；圣人不仁，以百姓为刍狗。天地之间，其犹橐龠乎？虚而不屈，动而愈出。多言数穷，不如守中。［治国］D07

N06　天地之根

谷神不死，是谓玄牝。玄牝之门，是谓天地根。绵绵若存，用之不勤。[明道] A12

N07　天长地久

天长地久。天地所以能长且久者，以其不自生，故能长生。是以圣人后其身而身先，外其身而身存。非以其无私邪？故能成其私。[修身] B12

N08　上善若水

上善若水。水善利万物而不争，处众人之所恶，故几于道。居善地，心善渊，与善仁，言善信，政善治，事善能，动善时。夫唯不争，故无尤。[处世] C01

N09　功遂身退

持而盈之，不如其已。揣而锐之，不可长保。金玉满堂，莫之能守。富贵而骄，自遗其咎。功遂身退，天之道也。[砭时] F05

N10　抱一无离

载营魄抱一，能无离乎？专气致柔，能如婴儿乎？涤除玄览，能无疵乎？爱民治国，能无知乎？天门开阖，能为雌乎？明白四达，能无为乎？生之畜之，生而不有，为而不恃，长而不宰，是谓玄德。[修身] B08

N11　无以为用

三十幅共一毂，当其无，有车之用。埏埴以为器，当其无，有器之用。凿户牖以为室，当其无，有室之用。故有之以为利，无之以为用。[明道] A10

N12　人心发狂

五色令人目盲，五音令人耳聋，五味令人口爽，驰骋畋猎令人心发狂，难得之货令人行妨。是以圣人为腹不为目，故去彼取此。［砭时］F04

N13　宠辱若惊

宠辱若惊，贵大患若身。何谓宠辱若惊？宠为下，得之若惊，失之若惊，是谓宠辱若惊。何谓贵大患若身？吾所以有大患者，为吾有身，及吾无身，吾有何患？故贵以身为天下，若可寄天下；爱以身为天下，若可托天下。［处世］C08

N14　无状无象

视之不见，名曰夷；听之不闻，名曰希；搏之不得，名曰微。此三者不可致诘，故混而为一。其上不皦，其下不昧，绳绳兮不可名，复归于无物。是谓无状之状，无物之象，是谓惚恍。迎之不见其首，随之不见其后。执古之道，以御今之有。能知古始，是谓道纪。［明道］A09

N15　善为士者

古之善为士者，微妙玄通，深不可识。夫唯不可识，故强为之容：豫兮，若冬涉川；犹兮，若畏四邻；俨兮，其若客；涣兮，其若凌释；敦兮，其若朴；旷兮，其若谷；混兮，其若浊。孰能浊以静之，徐清；孰能安以动之，徐生。保此道者，不欲盈。夫唯不盈，故能蔽而新成。［修身］B03

N16　致虚守静

致虚极，守静笃。万物并作，吾以观复。夫物芸芸，各复归其根。归根曰静，静曰复命。复命曰常，知常曰明。不知常，妄作凶。知常容，容乃公，公乃王，王乃天，天乃道，道乃久，没

身不殆。[修身] B04

N17 太上不知

太上，不知有之；其次，亲而誉之；其次，畏之；其次，侮之。信不足焉，有不信焉。悠兮，其贵言。功成事遂，百姓皆谓“我自然”。[治国] D19

N18 国家昏乱

大道废，有仁义；智慧出，有大伪；六亲不和，有孝慈；国家昏乱，有忠臣。[砭时] F03

N19 绝圣弃智

绝圣弃智，民利百倍；绝仁弃义，民复孝慈；绝巧弃利，盗贼无有。此三者以为文，不足。故令有所属：见素抱朴，少私寡欲，绝学无忧。[治国] D04

N20 愚人之心

唯之与阿，相去几何？美之与恶，相去若何？人之所畏，不可不畏。荒兮，其未央哉！众人熙熙，如享太牢，如春登台。我独泊兮，其未兆。沌沌兮，如婴儿之未孩；儽儽兮，若无所归。众人皆有余，而我独若遗。我愚人之心也哉！俗人昭昭，我独昏昏。俗人察察，我独闷闷。澹兮其若海；飂兮若无止。众人皆有以，而我独顽且鄙。我独异于人，而贵食母。[修身] B19

N21 道之为物

孔德之容，惟道是从。道之为物，惟恍惟惚。惚兮恍兮，其中有象；恍兮惚兮，其中有物。窈兮冥兮，其中有精；其精甚真，其中有信。自今及古，其名不去，以阅众甫。吾何以知众甫之状哉？以此。[明道] A06

N22 圣人抱一

“曲则全，枉则直，洼则盈，敝则新，少则得，多则惑。”是以圣人抱一为天下式。不自见，故明；不自是，故彰；不自伐，故有功；不自矜，故长。夫唯不争，故天下莫能与之争。古之所谓“曲则全”者，岂虚言哉？诚全而归之。[修身] B09

N23 希言自然

希言自然。故飘风不终朝，骤雨不终日。孰为此者？天地。天地尚不能久，而况于人乎？故从事于道者，同于道；德者，同于德；失者，同于失。同于道者，道亦乐得之；同于德者，德亦乐得之；同于失者，失亦乐得之。信不足焉，有不信焉。[治国] D20

N24 余食赘形

企者不立，跨者不行。自见者不明，自是者不彰，自伐者无功，自矜者不长。其在道也，曰：余食赘形。物或恶之，故有道者不处。[修身] B15

N25 道法自然

有物混成，先天地生。寂兮寥兮，独立而不改，周行而不殆，可以为天地母。吾不知其名，强字之曰道，强为之名曰大。大曰逝，逝曰远，远曰反。故道大，天大，地大，人亦大。域中有四大，而人居其一焉。人法地，地法天，天法道，道法自然。[明道] A01

N26 宜重宜静

重为轻根，静为躁君。是以君子终日行不离辎重。虽有荣观，燕处超然。奈何万乘之主，而以身轻天下？轻则失根，躁则失君。[修身] B06

N27　善行善言

善行无辙迹；善言无瑕谪；善数不用筹策；善闭无关楗而不可开；善结无绳约而不可解。是以圣人常善救人，故无弃人；常善救物，故无弃物，是谓袭明。故善人者，不善人之师；不善人者，善人之资。不贵其师，不爱其资，虽智大迷，是谓要妙。[处世] C04

N28　知雄守雌

知其雄，守其雌，为天下溪。为天下溪，常德不离，复归于婴儿。知其白，守其黑，为天下式。为天下式，常德不忒，复归于无极。知其荣，守其辱，为天下谷。为天下谷，常德乃足，复归于朴。朴散则为器，圣人用之，则为官长，故大制不割。[修身] B05

N29　天下神器

将欲取天下而为之，吾见其不得已。天下神器，不可为也，不可执也。为者败之，执者失之。夫物或行或随，或觑或吹，或强或羸，或载或隳。是以圣人去甚，去奢，去泰。[治国] D05

N30　以道佐人

以道佐人主者，不以兵强天下。其事好还。师之所处，荆棘生焉。大军之后，必有凶年。善有果而已，不敢以取强。果而勿矜，果而勿伐，果而勿骄，果而不得已，果而勿强。物壮则老，是谓不道，不道早已。[议兵] E01

N31　恬淡为上

夫兵者，不祥之器，物或恶之，故有道者不处。君子居则贵左，用兵则贵右。兵者，不祥之器，非君子之器，不得已而用之，恬淡为上。胜而不美，而美之者，是乐杀人。夫乐杀人者，则不可得志于天下矣。吉事尚左，凶事尚右。偏将军居左，上将

军居右，言以丧礼处之。杀人之众，以悲哀莅之；战胜，以丧礼处之。[议兵] E02

N32　道常无名

道常无名，朴。虽小，天下莫能臣。侯王若能守之，万物将自宾。天地相合，以降甘露，民莫之令而自均。始制有名，名亦既有，夫亦将知止，知止可以不殆。譬道之在天下，犹川谷之于江海。[明道] A04

N33　知人者智

知人者智，自知者明。胜人者有力，自胜者强。知足者富。强行者有志。不失其所者久，死而不亡者寿。[处世] C05

N34　大道之大

大道氾兮，其可左右。万物恃之以生而不辞，功成而不有。衣养万物而不为主，可名于小；万物归焉而不为主，可名为大。以其终不自为大，故能成其大。[明道] A11

N35　道之出口

执大象，天下往。往而不害，安平太。乐与饵，过客止。道之出口，淡乎其无味，视之不足见，听之不足闻，用之不足既。[明道] A08

N36　国之利器

将欲歙之，必固张之；将欲弱之，必固强之；将欲废之，必固兴之；将欲取之，必固与之，是谓微明。柔弱胜刚强。鱼不可脱于渊，国之利器不可以示人。[治国] D03

N37　道常无为

道常无为而无不为。侯王若能守之，万物将自化。化而欲

作，吾将镇之以无名之朴。镇之以无名之朴，夫将不欲。不欲以静，天下将自正。［明道］A05

N38　上德不德

上德不德，是以有德；下德不失德，是以无德。上德无为而无以为；下德无为而有以为。上仁为之而无以为，上义为之而有以为。上礼为之而莫之应，则攘臂而扔之。故失道而后德，失德而后仁，失仁而后义，失义而后礼。夫礼者，忠信之薄，而乱之首。前识者，道之华，而愚之始。是以大丈夫处其厚，不居其薄；处其实，不居其华。故去彼取此。［砭时］F01

N39　至誉无誉

昔之得一者：天得一以清，地得一以宁，神得一以灵，谷得一以盈，万物得一以生，侯王得一以为天下正。其致之也，谓天无以清，将恐裂；地无以宁，将恐废；神无以灵，将恐歇；谷无以盈，将恐竭；万物无以生，将恐灭；侯王无以正，将恐蹶。故贵以贱为本，高以下为基。是以侯王自称孤、寡、不谷。此非以贱为本邪？非乎？故至誉无誉。是故不欲琭琭如玉，珞珞如石。［治国］D08

N40　道之动用

反者，道之动；弱者，道之用。天下万物生于有，有生于无。［明道］A07

N41　上士闻道

上士闻道，勤而行之；中士闻道，若存若亡；下士闻道，大笑之。不笑不足以为道。故建言有之：明道若昧，进道若退，夷道若颣；上德若谷，广德若不足，建德若偷，质真若渝；大白若辱，大方无隅，大器晚成，大音希声，大象无形。道隐无名。夫唯道，善贷且成。［修身］B01

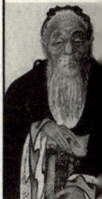

N42　道生万物

道生一，一生二，二生三，三生万物。万物负阴而抱阳，冲气以为和。人之所恶，唯孤、寡、不谷，而王公以为称。故物或损之而益，或益之而损。人之所教，我亦教之："强梁者不得其死。"吾将以为教父。[明道] A02

N43　至柔至坚

天下之至柔，驰骋天下之至坚。无有入无间，吾是以知无为之有益。不言之教，无为之益，天下希及之。[处世] C02

N44　知足知止

名与身孰亲？身与货孰多？得与亡孰病？甚爱必大费，多藏必厚亡。故知足不辱，知止不殆，可以长久。[砭时] F06

N45　清静为正

大成若缺，其用不弊；大盈若冲，其用不穷。大直若屈，大巧若拙，大辩若讷，大赢若绌。静胜躁，寒胜热。清静为天下正。[修身] B02

N46　知足常足

天下有道，却走马以粪；天下无道，戎马生于郊。罪莫大于可欲，祸莫大于不知足，咎莫大于欲得。故知足之足，常足矣。[砭时] F02

N47　足不出户

不出户，知天下；不窥牖，见天道。其出弥远，其知弥少。是以圣人不行而知，不见而明，不为而成。[修身] B16

N48　为道日损

为学日益，为道日损。损之又损，以至于无为。无为而无不

为。取天下常以无事，及其有事，不足以取天下。［治国］D10

N49　圣人之心

圣人常无心，以百姓心为心。善者，吾善之；不善者，吾亦善之，德善。信者，吾信之；不信者，吾亦信之，德信。圣人之在天下，歙歙焉为天下浑其心。百姓皆注其耳目，圣人皆孩之。［治国］D16

N50　出生入死

出生入死。生之徒，十有三；死之徒，十有三；人之生生，动之死地，亦十有三。夫何故？以其生生之厚。盖闻善摄生者，陆行不遇兕虎，入军不被甲兵。兕无所投其角，虎无所用其爪，兵无所容其刃。夫何故？以其无死地。［处世］C03

N51　道尊德贵

道生之，德畜之，物形之，势成之。是以万物莫不尊道而贵德。道之尊，德之贵，夫莫之命而常自然。故道生之，德畜之，长之育之，亭之毒之，养之覆之。生而不有，为而不恃，长而不宰，是谓玄德。［明道］A03

N52　天下有始

天下有始，以为天下母。既得其母，以知其子；既知其子，复守其母，没身不殆。塞其兑，闭其门，终身不勤。开其兑，济其事，终身不救。见小曰明，守柔曰强。用其光，复归其明，无遗身殃。是为袭常。［修身］B11

N53　行于大道

使我介然有知，行于大道，唯施是畏。大道甚夷，而人好径。朝甚除，田甚芜，仓甚虚；服文彩，带利剑，厌饮食，财货有余，是谓盗夸。非道也哉。［砭时］F11

N54　善建善抱

善建者不拔，善抱者不脱，子孙以祭祀不辍。修之于身，其德乃真；修之于家，其德乃余；修之于乡，其德乃长；修之于邦，其德乃丰；修之于天下，其德乃普。故以身观身，以家观家，以乡观乡，以邦观邦，以天下观天下。吾何以知天下之然哉？以此。［修身］B07

N55　含德之厚

含德之厚，比于赤子。毒虫不螫，猛兽不据，攫鸟不搏。骨弱筋柔而握固。未知牝牡之合而朘作，精之至也。终日号而不嗄，和之至也。知和曰常，知常曰明。益生曰祥，心使气曰强。物壮则老，谓之不道，不道早已。［修身］B14

N56　知者不言

知者不言，言者不知。塞其兑，闭其门；挫其锐，解其纷；和其光，同其尘；是谓玄同。故不可得而亲，不可得而疏；不可得而利，不可得而害；不可得而贵，不可得而贱。故为天下贵。［处世］C06

N57　以正治国

以正治国，以奇用兵，以无事取天下。吾何以知其然哉？以此：天下多忌讳，而民弥贫；人多利器，国家滋昏；人多伎巧，奇物滋起；法令滋彰，盗贼多有。故圣人云："我无为，而民自化；我好静，而民自正；我无事，而民自富；我无欲，而民自朴。"［治国］D01

N58　其政其民

其政闷闷，其民淳淳；其政察察，其民缺缺。祸兮福之所倚，福兮祸之所伏，孰知其极？其无正也？正复为奇，善复为妖。人之迷，其日固久。是以圣人方而不割，廉而不刿，直而不

肆，光而不耀。[治国] D02

N59　治人事天

治人事天，莫若啬。夫唯啬，是谓早服；早服谓之重积德；重积德则无不克；无不克则莫知其极；莫知其极，可以有国；有国之母，可以长久。是谓深根固柢，长生久视之道。[修身] B17

N60　大国小鲜

治大国，若烹小鲜。以道莅天下，其鬼不神。非其鬼不神，其神不伤人；非其神不伤人，圣人亦不伤人。夫两不相伤，故德交归焉。[治国] D11

N61　大者宜下

大国者下流。天下之牝，天下之交也。牝常以静胜牡，以静为下。故大国以下小国，则取小国；小国以下大国，则取大国。故或下以取，或下而取。大国不过欲兼畜人。小国不过欲入事人，夫两者各得所欲，大者宜为下。[治国] D12

N62　善人之宝

道者，万物之奥，善人之宝，不善人之所保。美言可以市尊，美行可以加人。人之不善，何弃之有？故立天子，置三公，虽有拱璧以先驷马，不如坐进此道。古之所以贵此道者何？不曰：求以得，有罪以免邪？故为天下贵。[明道] A14

N63　无为无事

为无为，事无事，味无味。大小多少，报怨以德。图难于其易，为大于其细。天下难事，必作于易；天下大事，必作于细。是以圣人终不为大，故能成其大。夫轻诺必寡信，多易必多难，是以圣人犹难之，故终无难矣。[处世] C10

N64　无为无执

其安易持，其未兆易谋。其脆易泮，其微易散。为之于未有，治之于未乱。合抱之木，生于毫末；九层之台，起于累土；千里之行，始于足下。为者败之，执者失之。是以圣人无为故无败，无执故无失。民之从事，常于几成而败之，慎终如始，则无败事。是以圣人欲不欲，不贵难得之货；学不学，复众人之所过。以辅万物之自然而不敢为。［治国］D06

N65　善为道者

古之善为道者，非以明民，将以愚之。民之难治，以其智多。故以智治国，国之贼；不以智治国，国之福。知此两者，亦稽式。常知稽式，是谓玄德。玄德深矣，远矣，与物反矣，然后乃至大顺。［治国］D09

N66　善下不争

江海之所以能为百谷王者，以其善下之，故能为百谷王。是以圣人欲上民，必以言下之；欲先民，必以身后之。是以圣人处上而民不重，处前而民不害。是以天下乐推而不厌。以其不争，故天下莫能与之争。［治国］D13

N67　我有三宝

天下皆谓我道大，似不肖。夫唯大，故似不肖。若肖，久矣其细也夫。我有三宝，持而保之：一曰慈，二曰俭，三曰不敢为天下先。慈，故能勇；俭，故能广；不敢为天下先，故能成器长。今舍慈且勇，舍俭且广，舍后且先，死矣！夫慈以战则胜，以守则固。天将救之，以慈卫之。［修身］B18

N68　善士不武

善为士者，不武；善战者，不怒；善胜敌者，不与；善用人者，为之下。是谓不争之德，是谓用人之力，是谓配天古之极。

［议兵］E03

N69　不可轻敌

用兵有言：“吾不敢为主，而为客；不敢进寸，而退尺。”是谓行无行，攘无臂，扔无敌，执无兵。祸莫大于轻敌，轻敌几丧吾宝。故抗兵相若，哀者胜矣。［议兵］E04

N70　易知易行

吾言甚易知，甚易行。天下莫能知，莫能行。言有宗，事有君。夫唯无知，是以不我知。知我者希，则我者贵。是以圣人被褐而怀玉。［砭时］F12

N71　圣人不病

知不知，尚矣；不知知，病也。圣人不病，以其病病。夫唯病病，是以不病。［修身］B10

N72　民不畏威

民不畏威，则大威至。无狎其所居，无厌其所生。夫唯不厌，是以不厌。是以圣人自知不自见，自爱不自贵。故去彼取此。［砭时］F07

N73　天网恢恢

勇于敢则杀，勇于不敢则活。此两者，或利或害。天之所恶，孰知其故？是以圣人犹难之。天之道，不争而善胜，不言而善应，不召而自来，绰然而善谋。天网恢恢，疏而不失。［治国］D14

N74　民不畏死

民不畏死，奈何以死惧之？若使民常畏死，而为奇者，吾得执而杀之，孰敢？常有司杀者杀。夫代司杀者杀，是谓代大匠

斫。夫代大匠斫者，希有不伤其手矣。[砭时] F08

N75　民之难治

民之饥，以其上食税之多，是以饥。民之难治，以其上之有为，是以难治。民之轻死，以其上求生之厚，是以轻死。夫唯无以生为者，是贤于贵生。[砭时] F09

N76　人生柔弱

人之生也柔弱，其死也坚强。草木之生也柔脆，其死也枯槁。故坚强者死之徒，柔弱者生之徒。是以兵强则灭，木强则折。强大处下，柔弱处上。[修身] B13

N77　天道人道

天之道，其犹张弓欤？高者抑之，下者举之；有余者损之，不足者补之。天之道，损有余而补不足。人之道，则不然，损不足以奉有余。孰能有余以奉天下？唯有道者。是以圣人为而不恃，功成而不处，其不欲见贤。[砭时] F10

N78　正言若反

天下莫柔弱于水，而攻坚强者莫之能胜，其无以易之。弱之胜强，柔之胜刚，天下莫不知，莫能行。是以圣人云："受国之垢，是谓社稷主；受国不祥，是谓天下王。"正言若反。[处世] C07

N79　天道无亲

和大怨，必有余怨，安可以为善？是以圣人执左契，而不责于人。有德司契，无德司彻。天道无亲，常与善人。[治国] D15

N80　小国寡民

小国寡民。使有什伯之器而不用，使民重死而不远徙。虽有

舟舆，无所乘之。虽有甲兵，无所陈之。使民复结绳而用之。甘其食，美其服，安其居，乐其俗。邻国相望，鸡犬之声相闻，民至老死，不相往来。［治国］D18

N81　圣人之道

信言不美，美言不信。善者不辩，辩者不善。知者不博，博者不知。圣人不积，既以为人，己愈有；既以与人，己愈多。天之道，利而不害；圣人之道，为而不争。［修身］B20

参考文献

[1] 陈鼓应：《老子注译及评介》，北京：中华书局 1984 年版。
[2] 傅云龙：《老子·庄子》（全文注释本），北京：华夏出版社 2000 年版。
[3] 刘坤生：《老子解读》，上海：上海古籍出版社 2004 年版。
[4] 刘小龙：《老子原解》，北京：新星出版社 2006 年版。
[5] 任峻华：《韩非子》（全文注释本），北京：华夏出版社 2000 年版。
[6] 饶尚宽：《老子》，北京：中华书局 2006 年版。

后 记

常言道：“书到用时方恨少，事非经过不知难”，“台上一分钟，台下十年功”。这些话言简意赅，道出了世事之艰难，成功之不易。

时光如电，日月如梭。屈指算来，本书初稿与笔者另一拙作《论语类疏：分类、译注、浅析》（暨南大学出版社 2014 年 4 月出版）的编撰时间，相距整整五个年头。在此期间，笔者不仅要充分利用业余时间写作，还要兼顾工作与生活，因此，写作过程断断续续，停停写写。粗略估计，两部书稿累计三十余万字，大规模增补删改不下百余次。尤其在斟酌推敲稿件之时，笔者时而感到“山重水复疑无路”，百思不解，一片茫然；时而感到“柳暗花明又一村”，恍然大悟，一阵喜悦。凡此种种，苦乐交集，不能尽言。

经过此番历练，笔者体会到写作一事何其难也！它就好像一位孤独的行者跋涉于高山密林，长路漫漫，上下求索；又好像一位参禅悟道的苦行僧，独坐暗室之中，冥思苦想，默观省察，与天地对话，与自己的良心对话，真是一件难以言表的苦差事。但正所谓：不经一番寒彻骨，怎得梅花扑鼻香？

圣人知难，仁者知难，笔者亦知难。难事当前，要么知难而进，要么知难而退，别无他法。既已知难，既已下定决心，就应当知难而进，逆流而上，百折不回。恰如清代学者彭端淑所言：“天下事有难易乎？为之，则难者亦易矣；不为，则易者亦难矣。人之为学有难易乎？学之，则难者亦易矣；不学，则易者亦难矣。”诚哉斯言，信哉斯言！

笔者自知才疏学浅，好读书而不求甚解，不敢说有张横渠（即张载，北宋大儒）“为天地立心，为生民立命，为往圣继绝学，为万世开太平”这样宏大的志向，也并非所谓的国学专家、文化学者，而仅仅是一名“闲静少言，不慕荣利”的普通国学

爱好者。笔者扪心自问，之所以能够坚持完成书稿，全凭一股“修学好古，敏以求之”的热情和一份“愈挫愈奋，再接再厉”的勇气，仅此而已。

笔者亦深知，一书之成固然在于作者之主创，但绝非作者一人一力之功劳，倘若没有他人他力相协助，也难以达成。

在这里，笔者要向以下人士致以由衷的感谢。

首先，感谢我的家人，我的太太唐菲予女士和小儿正源。在我写作期间，我的太太承担了更多的日常生活和家庭事务，小儿正源也用他刚刚学到的语文知识，从小读者的角度帮着试读或挑出稿件中的毛病。其次，感谢暨南大学出版社张仲玲副社长、冯琳老师以及其他编辑老师的默默付出，有了出版社的细致工作、严格把关，书稿的质量才得以保证。最后，笔者要感谢读者诸君，正因为有了读者朋友的关注，才使笔者更加坚定了写作的信心。希望本书能够增进读者朋友对于我国传统文化优秀经典著作的了解和喜爱。

张忠铧

2015 年 7 月于岭南羊城